The Way We Communicate

（Volume II）

怎样与中国人打交道(下)

◎ 徐振亚（Xu zhenya） 著

Cynthia Kuo　插图

华语教学出版社
SINOLINGUA

First Edition   2009
Second Printing   2010

ISBN 978-7-80200-492-4
Copyright 2009 by Sinolingua
Published by Sinolingua
24 Baiwanzhuang Road, Beijing 100037, China
Tel: (86) 10-68320585
Fax: (86) 10-68326333
http:// www.sinolingua.com.cn
E-mail: hyjx@sinolingua.com.cn
Printed by Beijing Foreign Languages Printing House

Preface

    One of the important goals of learning Chinese is to be able to communicate with Chinese people. Suppose you have studied Chinese for three months and you know the meaning of each character of 吃 , 过 , 了 and 吗 , do you truly understand what it means when someone asks you 吃过了吗 ? What response do you anticipate if you bring a beautiful clock as a gift when visiting a friend? In this two-volume book, we have included sixteen typical social scenarios, aiming to explain how to communicate with Chinese people.

    For non-Chinese speakers, especially westerners with different cultural background, communicating with Chinese people requires not only language skills, but also an understanding of Chinese culture, customs, social life, business etiquettes and much more. "Ask the custom when entering a country" is another illustration of how we determine what to say and do in certain situations. Otherwise, you may end up offending people in spite of good intentions.

    Each chapter in this book is made up of three sections. The first section contains situations one may encounter due to cultural differences, confusion, misunderstanding or even conflict. We believe it is easier to understand and quicker to catch the key points when learning a language within the scenarios. The second section is cultural tips. One of the barriers in learning a second language is the cultural differences. Many people who have studied a second language may share similar experiences: a good grasp of words and grammar does not necessarily mean a good understanding or an appropriate use of the language. This section helps consolidate language skills via cultural analysis. The third section provides some useful expressions. It provides many examples used in various real-life situations. This book is characteristic of its witty and interesting scenarios, simplification of complicated cultural background, rich and colorful expressions. It's a handy textbook with a storyline and much humor in it.

In an attempt to facilitate reading, this book is published in English and Chinese with *pinyin* for Chinese characters.

My thanks go to Ms. Ning Ren and Ms. Linda Tong whose input cannot be overlooked. My thanks also go to my editor Ms. Shurong Zhai, my friends Mr. Rui Zhang and Ms.Yiping Guo, and all who contributed to the publishing of this book.

前 言

　　学汉语的一个重要目的就是要和中国人打交道。如果你已学了三个月的汉语，知道"吃"、"过"、"了"、"吗"这些单个字的意思，当有人问你"吃过了吗?"，你能明白这是什么意思吗? 如果你去拜访一位朋友，并带了一个十分漂亮的钟作为礼物，你能预计将会出现什么结果吗? 本套书共列举了十六种典型的社交场景，试图以此作为切入口，来探究如何与中国人打交道的诀窍。

　　一个外国人，特别是与中国文化背景差异很大的西方人，在与中国人打交道时不仅需要汉语知识，还要了解中国传统文化、民间习俗、社会生活、商务惯例等多方面知识。即入境要问俗，要知道在什么时间场合该说什么、不该说什么，否则会影响打交道的效果。

　　本书采取章节形式，每章都分三节：第一节是情景故事。以一个因文化差异而引起疑惑、不解、甚至冲突的会话情景，来开始语言的学习，这不仅轻松愉快，也便于理解、掌握。第二节是文化提示。第二语言习得的一大障碍就是文化差异。词汇、语法都能明白，却总还是听不懂、说不地道，这大概是许多外语学习者共有的体验。通过剖析文化差异来帮助掌握语言知识，是这一部分的主要目的。第三节是实用表达。这里有交际场上的大量实用语句，并讲解如何使用。风趣幽默的情景故事、深入浅出的文化知识、丰富多彩的交际语句，使这两本小册子读着像小说，看着像趣闻，学着像教科书。

这是一套并不需要太多汉语基础知识就可以阅读的有关中国文化的阅读材料，因为本书采用了英汉对照形式，并在汉字上附有汉语拼音，这给读者提供了更多的信息。

在此，首先感谢任宁和 Linda Tong 两位女士，她们为此书的编写作出了不可忽略的贡献。十分感谢华语教学出版社各级领导的大力支持！感谢责任编辑翟淑蓉，朋友张瑞、郭憶萍，以及所有为本书的出版付出了辛勤劳动的朋友们！

作者
2008 年 5 月 29 日星期四

目 录

Contents

1

Gēn wǒ tiào wǔ ba !
跟我跳舞吧！
Let's Dance!

Jiéjiāo Zhōngguó nǚháizi de mìjué
结交 中 国女孩子的秘诀
(The secret of dating Chinese girls)

你还好吧? 你为什么不跳舞?
Are you OK? Why don't you dance?

John's company was holding a party with other companies. He would like to take the chance to make friends with a nice-looking Chinese girl.

Yuēhàn de gōngsī zhèngzài yǔ qí tā gōngsī jǔbàn liányìhuì .
约翰的公司正在与其他公司举办联谊会。
Tā hěn xiǎng jiè cǐ jīhuì jiéjiāo yí wèi piàoliang de Zhōngguó
他很想借此机会结交一位漂亮的中国
nǚháizi .
女孩子。

Yuēhàn： Hēi， nǐ hǎo!
约翰：嘿，你好!
John：Hello，how are you?

Gūniang A： Nǐ hǎo! Nǐ yǒu shénme shì ma?
姑娘 A：你好!你有什么事吗?
Girl A：Hello，do you need my help?

Yuēhàn： Méi shénme shì.
约翰：没什么事。
John：Not really.

Gūniang A： ? Yì liǎn yíhuò de shénqíng wàngzhe tā， zhǔnbèi mǎ-
姑娘 A：? (一脸疑惑的神情 望着他，准备马
shàng zǒu kāi
上 走开)
Girl A：? (Looking at him curiously and preparing to
walk away)

Yuēhàn： Wǒmen kěyǐ tántan ma?
约翰：我们可以谈谈吗?
John：Can we talk?

Gūniang A： Yǒu shénme shì xūyào bāngmáng ma?
姑娘 A：有什么事需要 帮 忙 吗?
Girl A：About what?

Yuēhàn： Xiǎng hé nǐ jiāo ge péngyou.
约翰： 想 和你交个 朋 友。
John：I just want to make friends with you.

Gūniang A： Wǒ bú rènshi nǐ， duìbuqǐ.
姑娘 A：我不认识你，对不起。
Girl A：Sorry but I don't know you.

Yuēhàn： Wǒ néng qǐng nǐ hē bēi kāfēi ma?
约翰：我 能 请你喝杯咖啡吗?
John：Can I buy you a cup of coffee?

Gūniang A：Bú yòng le，xièxie！ Lìkè zǒukāi le
姑娘 A：不用了，谢谢！（立刻走开了）
Girl A：No, thanks.（She left.）

John failed and didn't know how to deal with such situation. The next weekend Dajun and John decided to bet on who would be successful in asking a girl to dance. At last, Dajun succeeded, leaving John standing on the sidelines. Dajun went over to comfort him.

Yuēhàn méiyǒu chénggōng， tā bù zhīdào gāi rúhé shì hǎo.
约翰没有成功，他不知道该如何是好。
Dì-èr ge zhōumò， Yuēhàn jiàoshàngle Dàjūn. Tāmen juédìng lái
第二个周末，约翰叫上了大军。他们决定来
yí cì yāoqǐng nǚháizi de jìngsài， jiéguǒ Dàjūn huòshèng， ér
一次邀请女孩子的竞赛，结果大军获胜，而
Yuēhàn dāngle hěn cháng shíjiān de diàndēngpào. Zhè shí Dàjūn
约翰当了很长时间的电灯泡。这时大军
shàngqu ānwèi tā.
上去安慰他。

Dàjūn： Nǐ hái hǎo ba？ Wèishénme bú zài shìshi？
大军：你还好吧？为什么不再试试？
Dajun： Are you OK? Why don't you try again?

Yuēhàn： Wǒ yāo bu dào wǔbàn ...
约翰：我邀不到舞伴……
John： I was refused....

Dàjūn： Nà yídìng shì nǐ yāoqǐng de fāngfǎ yǒu wèntí.
大军：那一定是你邀请的方法有问题。
Dajun： How did you ask the girl?

Yuēhàn： Wǒ gàosu tāmen wǒ xiǎng gēn tāmen jiāo ge péngyou.
约翰：我告诉她们我想跟她们交个朋友。

John：I said I wanted to make friends with them.

Dàjūn：Nánguài, nǐ tài zhíjiē le, zhèyàng bù róngyì chénggōng.
大军：难怪，你太直接了，这样不容易成功。
Dajun：No wonder, it is too direct. That won't work.

Yuēhàn：Nà yǒu shénme juéqiào?
约翰：那有什么诀窍？
John：Then, how should I ?

Dàjūn：Nǐ kěyǐ yāoqǐng tā tiào zhī wǔ, ránhòu hé tā liáotiān, děng
大军：你可以邀请她跳支舞，然后和她聊天，等
shúxi yìdiǎnr zàishuō cǐ huà yě bù chí a.
熟悉一点儿再说此话也不迟啊。
Dajun：You may invite her for a dance first and chat with her before asking her to be your friend.

Yuēhàn：Nà ràngwǒ lái shìshi ba ...
约翰：那让我来试试吧……
John：Let me try....

John followed Dajun's advice and succeeded in inviting a girl to dance. However, they stopped dancing in the middle of the music.

Yuēhàn ànzhào Dàjūn de jiànyì lìkè chénggōng de yāoqǐng
约翰按照大军的建议立刻成功地邀请
dào yí wèi nǚháizi yìqǐ tiào wǔ, zhǐshì yì zhī wǔqǔ hái méiyǒu
到一位女孩子一起跳舞，只是一支舞曲还没有
jiéshù tāmen jiù jiéshùle tiào wǔ.
结束他们就结束了跳舞。

Dàjūn： Zěnme le?
大军：怎么了?
Dajun： What's wrong?

Yuēhàn： Hǎoxiàng wǒ shuōcuò huà le
约翰：好像我说错话了……
John： I have probably said something wrong.

Dàjūn： Nǐ shuōle shénme?
大军：你说了什么?
Dajun： What did you say?

Yuēhàn： Wǒ chēngzàn tā de shēncái, bìng wèn tā yào bu yào yìqǐ qù
约翰：我称赞她的身材,并问她要不要一起去
chī xiāoyè?
吃宵夜?

John: I praised her figure and asked if she would like to have a midnight snack with me after the dance....

Dàjūn: Zhè bú shì hěn hǎo ma! Kě wèishénme tā zǒule ne?
大军: 这不是 很 好 嘛! 可为什么她走了呢?
Dajun: It's good! Then why did she leave?

Yuēhàn: Wǒ shuō tā hǎo shòu. Nándào cuòle ma?
约翰: 我 说 她好 瘦。 难道 错了吗?
John: I said that she was skinny. Is there something wrong?

Obviously, John said something wrong again. What on earth should he say?

Xiǎn rán, Yuēhàn zhècì shībài yòu shì yīnwèi shuōcuòle huà.
显然, 约翰这次失败又是因为说错了话。
Nàme, tā jiūjìng yīng gāi zěnme shuō ne?
那么, 他究竟应该怎么说呢?

Cultural Tips 文化提示

Find a good excuse before talking with a female stranger, especially with good-looking ones. Most Chinese still think it improper for girls to talk with strangers on the street, though helping a stranger would be acceptable and considered a good deed. One should come up with a reasonable excuse before talking with a Chinese girl, or she may refuse to talk.

In traditional Chinese culture, girls are submissive and tend to follow directions rather than make decisions. Therefore, it would be easier to ask a girl out with confidence! However, girls are becoming more aggressive and taking initiative when going out with boys nowadays.

It is not true that men must pay the bill when dating at the first time. It is also common for girls to pay the bill. Sharing expenses is also popular now. However, a proper gift is not a bad idea to make girls happy.

Girls in general enjoy compliments on their appearance. Remember to use correct expressions when praising them. For instance, some expressions such as full-grown (丰满), slender (苗条) are preferable to fat (肥), plump (胖), skinny (瘦) to commend a girl. Learn the exact words carefully; you will not only succeed in making friends, but also in building a lasting relationship!

Zài jiēchù yí ge bù shúxi de nǚháizi zhī qián, Zhōngguó
在接触一个不熟悉的女孩子之前，中国
rén cháng cǎiyòng de fāngfǎ shì jǐnliàng zhǎo yí ge bǐjiào héshì de
人常采用的方法是尽量找一个比较合适的
lǐyóu, yóuqí shì nàxiē bǐjiào chūzhòng de nǚháizi. yīn shòu
理由，尤其是那些比较出众的女孩子。因受
chuántǒng sīxiǎng de yǐngxiǎng, Zhōngguó de dàduōshù rén rènwéi,
传统思想的影响，中国的大多数人认为，
nǚháizi zài gōngzhòngchǎnghé suíyì rènshi mòshēng rén bìng bú shì
女孩子在公众场合随意认识陌生人并不是
jiàn hàoshì, chúfēi shì zài bāngzhù yí ge mòshēng rén. Wèile bú
件好事，除非是在帮助一个陌生人。为了不
ràng yí ge chuántǒng de Zhōngguó nǚháizi yǒubiànchénghuài háizi
让一个传统的中国女孩子有变成坏孩子
de xiányí, qǐng zài hé tā chūcì jiēchù zhī qián, zhǔnbèi yìxiē
的嫌疑，请在和她初次接触之前，准备一些
néngràng tāmen gǎnjué qīngsōng de lǐyóu.
能让她们感觉轻松的理由。

Zài Zhōngguó chuántǒng wénhuà de xūntáo xià, dàduōshù
在中国传统文化的熏陶下，大多数
nǚháizi bǐjiào jīnchí, duì mòshēng rén yóuqí shì nánshì de
女孩子比较矜持，对陌生人尤其是男士的
yāoqǐng róngyì yóuyù, yīncǐ nánshì yīng bīnbīnyǒulǐ, . qiě
邀请容易犹豫，因此男士应彬彬有礼，且
yòng zìxìn de yǔqì yāoqǐng. nǚháizi bǐjiào róngyì jiēshòu.
用自信的语气邀请。女孩子比较容易接受。

Dànshì xiànzài, Zhōngguó nǚháizi yīnwèi sīxiǎng de zhuǎnbiàn,
但是现在，中国女孩子因为思想的转变，

biàn de fēicháng zìxìn yuè lái yuè yuànyì yǐ zhǔdòng de zītài yāo-
变得非常自信，越来越愿意以主动的姿态邀

qǐng nánháizi le.
请男孩子了。

Yǒu rén shuō, zài dì-yī cì yuēhuì shí, rúguǒ yǒu fèiyong
有人说，在第一次约会时，如果有费用

de huà yìbān yóu nánfāng lái chéngdān, Qíshí wèibì rúcǐ.
的话一般由男方来承担，其实未必如此。

nǚhái zi zhǔdòng fùzhàng de qíngkuàng yě hěn duō, dàjiā gè
女孩子主动付账的情况也很多，大家各

fù gè de fāngshì yě hěn liúxíng. Dāngrán, shìshí gěi nǚháizi
付各的方式也很流行。当然，适时给女孩子

yìxiē qiàdàng de lǐpǐn zǒngshì ge búcuò de zhǔyi.
一些恰当的礼品总是个不错的主意。

Nǚháizi wú yī lìwài de xǐhuan tīng xiē zànměi zhī cí.
女孩子无一例外地喜欢听些赞美之词。

Yīncǐ, nǐ yào zhùyì zànměi cí zhǔnquè de Hànyǔ biǎodá, rú
因此，你要注意赞美词准确的汉语表达，如

jǐnliàng shǎo yòng "féi", "pàng", "shòu" zhè lèi cí, ér
尽量少用"肥"、"胖"、"瘦"这类词，而

yīng xuǎnyòng "fēngmǎn", "miáotiao" děng wěiwǎn de fāngshì.
应选用"丰满"、"苗条"等委婉的方式。

Duōduō xuéxí zhǔnquè de Hànyǔ, duì jiéjiāo péngyou bìng bǎochí
多多学习准确的汉语，对结交朋友并保持

liánghǎo de guānxì dà yǒu yìchù.
良好的关系大有益处。

Useful Expressions 实用表达法

How to ask for a date and what to say are the key to a successful relationship with the Chinese. Read carefully and pay attention to the appropriate expressions.

Xiàmian shì yìxiē yǔ yìxìng péngyou jiāowǎng zhōng shǐyòng
下面是一些与异性朋友 交往 中 使用
de cháng yòngyǔ, jǐn gòng cānkǎo.
的 常 用语，仅供 参考。

 How to Date Someone You Meet for the First Time.

Chángshì hé mòshēng de yìxìng jiāowǎng shí de cháng yòngyǔ :
尝 试和陌 生的异性交往时的 常 用语：

Nánshēng duì nǚshēng.
A. 男生 对 女 生 man to woman

Example	When or how to use
Qǐng gēn wǒ tiào ge wǔ ba ! 请 跟我跳个舞吧! May I have the next dance?	Wǔhuì děng chǎnghé wúyí shì rènshi 舞会 等 场 合 无疑是认识 nǚháizi de hǎo jīhuì, shuōzhèhuàduō 女孩子的好机会， 说这话多 bànshì bú huì ràng nǐ wéinán de 半是不会 让你为难的 Good opportunities to know girls exist in dance parties or other occasions. Such an invitation won't let you feel embarrassed.

Kěyǐ gēn nǐ dǎting diǎn shì ma? 可以 跟 你 打听 点 事 吗? May I ask you something?	Yìbān nǚháizi shì bú huì jùjué zhèyàng 一般 女孩子 是 不会 拒绝 这 样 de qǐngqiú 的 请求 Girls generally won't reject this type of request.
Wǒ hěn zàntóng nǐ gāngcái de guāndiǎn, 我 很 赞 同 你 刚才 的 观 点, néng fǒu liú ge diànhuà huò e-mail, 能 否 留 个 电 话 或 e-mail, yǐhòu kěyǐ liánxì? 以后 可以 联系? I entirely agree with you. Would you mind leaving your telephone number or e-mail address for future discussion?	Gāng xià kè huò sànhuì, zhèyàng zhǔdòng 刚 下课 或 散会, 这样 主 动 rènshi yìxìng yīnggāi háishi bǐjiào zìrán de 认识 异性 应该 还是 比较 自然 的 It is natural for one to get to know a person after a class or a meeting.
Wǒ chángcháng jiàn dào nǐ, kànlái 我 常 常 见 到 你, 看来 wǒmen hěn yǒu yuánfèn, kě bu kěyǐ liú 我们 很 有 缘分, 可不可以 留 ge tōngxùn fāngshì? 个 通讯 方式? I often run into you, so I think we are pretty destined for each other. May we exchange contact information?	Zhōngguó rén hěn jiǎngjiu "yuánfèn", 中 国 人 很 讲 究 "缘分", zhèyàng yě huì chǎngshēng tèshū xiàoguǒ 这样 也 会 产 生 特殊 效果 This may produce a special result as Chinese tend to believe in fate.

Nǚshēng duì nánshēng .
B. 女生 对 男生 woman to man

Example	When or how to use
Nǐ hǎo， néng fǒu bāng wǒ bǎ zhè ge bān 你好， 能 否 帮 我 把 这 个 搬 dào lóushàng? 到 楼 上 ? Hi, would you help me move this upstairs?	Zhè shì ge bǐjiào jīzhì de cèlüè， 这 是 个 比 较 机 智 的 策 略， chōngdāng ruòzhě huò xuéshēng de juésè 充 当 弱 者 或 学 生 的 角 色 néng bódé duìfāng de tóngqíngxīn， yě 能 博 得 对 方 的 同 情 心，也 huòdéle xiānghù jiéshí de jīyù 获 得 了 相 互 结 识 的 机 遇
Wǒ de Hànyǔ hái bù xíng， néng fǒu zuò 我 的 汉语 还 不 行， 能 否 做 wǒ de Hànyǔ lǎoshī? 我 的 汉语 老师? My Chinese is poor. Would you be my teacher?	Showing one's weakness is a strategy to get the other's attention.
Shuài gē， nǐ hǎo， rènshi yíxià hǎo 帅 哥，你好，认识一下好 ma? 吗? Hello, handsome guy. May I introduce myself?	Zhè zhǒng fāngshì zìxìn， zhǔdòng， dàn 这 种 方式 自信、主动，但 zhǐ néng shì fēngxiǎn zì fù le 只 能 是 风 险 自 负 了 This initiative is a little risky.

How to Date Someone You Already Know.

Xīwàng yǔ rènshi de yìxìng yuēhuì shí de chángyòngyǔ :
希望与认识的异性约会时的 常 用语：

Nánshēng duì nǚshēng :
A. 男生对女生 man to woman

Example	When or how to use
Nǐ fùmǔ míngtiān lái ， wǒ hé nǐ yìqǐ qù jiē jī ba . 你父母明天来，我和你一起去接机吧。 I can go with you to pick up your parents tomorrow at the airport.	Yuànyì zhǔdòng jiàn duìfāng fùmǔ ， wúyí biǎoshì xīwàng jiāowǎng de yìyuàn 愿意主动见对方父母，无疑表示希望交往的意愿 Being willing to meet the other party's parents means you are sincere about the relationship.
Yǒuxìngqù jīn wǎn yìqǐ qù jiǔbā wánr ma? 有兴趣今晚一起去酒吧玩儿吗？ Do you have time to go to the bar tonight?	Zhè zhǒng yāoqǐng jùyǒu yídìng de tiǎozhànxìng , 这 种 邀请具有一定的挑战性， yào zài xiāngchǔ de hái bú cuò de qiántí xià tíchū 要在 相 处得还不错的前提下提出 The invitation is kind of challenging and may work for people you know already.
Xià ge zhōumòwǒmen yìqǐ qù pá 下个周末我们一起去爬 Chángchéng zěnmeyàng? 长 城 怎么样？ Would you like to visit the Great Wall next weekend?	Yāoqǐng yìqǐ qù jiāoyóu shì ge jì yǒuqíngqù yě 邀 请一起去郊游是个既有情趣也 bú huìshǐ duìfānggāngà de hǎo zhǔyi 不会使对方尴尬的好主意 Going out is a good idea.

Xiǎo Wáng， wǒmen yìqǐ qù chī 小 王， 我们 一起 去 吃 xiāoyè ba！ 宵夜 吧！ Miss Wang, let's go for some midnight snack!	Shì yì zhǒng huāfèi bú dà quèxiàoguǒ bú cuò de hǎo 是 一 种 花费 不 大 却 效 果 不 错 的 好 fāngfǎ 方法 It's an effective way with small expenses.

Nǚshēng duì nánshēng
B. 女生对男 生 woman to man

Example	When or how to use
Péi wǒ shàng jiē mǎi dōngxi hǎo ma? 陪我 上 街 买东西 好 吗? Can you accompany me to go shopping?	Zhè yě shì nǚshēng hé nánshēng tào jìnhu 这 也 是 女 生 和 男 生 套近乎 de chángyòng shǒufǎ 的 常 用 手法 This is a usual way for girls to get in touch with boys.
Tīngshuō nǐ yǒu nà běn shū， néng jiè wǒ 听 说 你 有 那 本 书， 能 借 我 kànkan ma? 看看 吗? May I borrow the book that you said you had?	

Xiǎo Jiāng, shàngzhōu wǒ bìng le, méi-
小 姜， 上 周 我 病 了，没
yǒu shàng xiězuò kè, nǐ néng bāng wǒ
有 上 写作 课， 你 能 帮 我
bǔxí yíxià ma?
补习 一下 吗?

Jiang, I was sick last week and missed the writing class. Would you mind helping me?

wǒmen qù kàn chǎng diànyǐng zěnme-
我们 去 看 场 电影 怎么
yàng?
样？

How about going to a movie together?

Wǒ xǐhuan zài wǎngshàng liáotiān, néng
我 喜欢 在 网 上 聊天， 能
gàosu wǒ nǐ de QQ hàoma?
告诉 我 你 的 QQ 号吗?

I like chatting online. Would you tell me your QQ number?

Zhè shì ge bǐjiào mǐngǎn de huàtí, yīnwèi
这是 个 比较 敏感 的 话题，因为
zài Zhōngguó nánnǚ tóng qù kàn diànyǐng
在 中 国 男女 同 去 看 电影
huò qǐng duìfāng bāngmáng jí biǎoshì yǒu
或 请 对 方 帮 忙 即 表示 有
hǎo gǎn, jǐnguǎn xiànzài yǐ bú nàme
好 感， 尽管 现在 已 不 那么
yángé, dàn háishi yào shènzhòng
严格， 但 还是 要 慎 重

Asking for help or inviting to a movie may imply that the male and female have an intimate relationship. Be careful to use these kinds of expressions even they are no longer as strictly used as before.

Rúguǒ néng dāshàng hùliánwǎng zhè tàng
如果 能 搭 上 互联网 这 趟
kuàichē, fāzhǎn sùdù huì kuài xǔduō.
快车，发展 速度 会快许多。

It would speed up the relationship if you meet and chat with the other party on the Internet.

Hé nǐ zài yìqǐ gǎnjué fēicháng tāshi . 和你在一起感觉 非常 踏实。 I feel at ease being with you.	Nǚháizi yìbān bǐjiào zhòngshì ānquán- 女孩子一般比较重视 安全 gǎn. Zhèyàng shuō biǎoshì tā duì gāi 感。 这样 说 表示她对该 nánshēng zhòngyì 男 生 中意 Girls generally like to have a sense of security. This shows she likes the man.
Wǒ hěn xǐhuan kàn nǐ dǎ lánqiú shí de 我很喜欢看你打篮球时的 yàngzi , hǎoshuài! 样子，好帅！ I like to watch you playing basketball. So cool!	Zhè shì zài qīngnián shídài nǚshēng xiàng 这是在青年时代女生向 nánshēngbiǎoshì hǎogǎn de jīngdiǎn yǔjù 男生表示好感的经典语句 This is the best praise boys may want to hear.

Some formal expressions used when dating a girl and trying to enhance the relationship one step further.

Yǐxià yǔjù duō yòng yú hé nǚpéngyou yuēhuìle yí duàn
以下语句多用于和女朋友约会了一段
shíjiān hòu , xīwàng shuāngfāngde guānxì néng gèng jìn yí bù huò
时间后，希望双方的关系能 更进一步，或
shìtú quèdìngjiàozhèngshì de guānxì :
试图确定较正式的关系：

Example	When or how to use
Wǒ liǎ hěn bānpèi. 我俩很般配。 We are a perfect match.	Biǎoshì nǐmen néngyǒu wèilái 表示你们 能 有未来 It means you have chance to become a couple in the future.
Wǒ juéde wǒ yǐjīng lí bu kāi nǐ le. 我觉得我已经离不开你了。 I feel that I can't live without you.	zhèsuàn shì yì zhǒng bǐjiào zhíjiē de gàobái 这算是一 种 比较直接的告白 It is a direct expression.
Wǒmen zài yìqǐ ba! 我们在一起吧! Let's stay together!	Bǐjiào jīngdiǎn de zhēnqíng gàobái 比较经典的真情告白 It is a classic expression.
Wǒ hěnxǐhuan nǐ. 我 很喜欢你。 I like you so much.	Biǎoshì jīnhòu yǒu ài shàngduìfāng de kěnéng 表示今后有爱上 对方的可能 It shows the possibility of falling in love in future.
Wǒxiǎng qǔ nǐ zuòwǒ de lǎopo. 我 想 娶你做我的老婆。 I want you to be my wife.	Tōngsú de qiú hūn biǎoshù 通俗的求 婚 表述 This is commonly used to propose, though less formal.
Qīn'ài de, xiànzài wǒ zhèngshì xiàng 亲爱的, 现在我正式 向 nǐ qiúhūn! Jià gěi wǒ ba! 你求婚!/ 嫁给我吧! Darling, I'm proposing to you. /Will you marry me?	Zuì jīngdiǎn de qiú hūn biǎoshù 最经典的求 婚 表述 Classic expressiones of being willing to marry someone

Talking About Love.

Yǐ xià shì yìxiē he liàn' ài yǒuguān de biǎodá :
以下是一些和恋爱有关的表达：

Example	When or how to use
Wǒmen xiāng' ài le . 我们 相爱了。 We are falling in love.	Dāng nǐ gàosu tā rén nǐmen èr rén yǐjīng quèdìng liàn' ài 当 你告诉他人你们二人已经确定 恋爱 guānxì shí shuō 关系时说 Say it when telling others about your relationship
Yíjiànzhōngqíng 一见钟情 Love at first sight	Zài jiě shì nǐmen shì rúhé xiāng'ài shí shuō 在解释你们是如何相爱时 说 Use it when telling others how you fall in love.
Nánpéngyou/ nǚ péngyou 男朋友 / 女朋友 Boyfriend / girlfriend	Biǎoshì quèdìng liàn' ài guānxì de shuāngfāng 表示 确定 恋爱关系的 双 方 Indicating an established relationship
Wèihūnqī / Wèihūnfū 未婚妻 / 未婚夫 Fiancée/fiancé	Bǐ nán nǚ péngyougèng jìn yí bù , yìbān zhǐ yǐ dìnghūn, 比男女 朋 友 更 进一步, 一般指已订婚, huòkuàiyào jiéhūn de shuāngfāng 或 快要结婚的 双 方 The relation is one step closer than that of boyfriend and girlfriend; it usually refers to an engaged couple when used together or the one who is going to marry.

Tánduìxiàng/chǔduìxiàng, 谈对象 / 处对象、 tán liàn'ài 谈恋爱 Dating	Quèdìng liàn'ài guānxì de Zhōngguó chuántǒng biǎodá 确定恋爱关系的中国传统表达 Indicating the start of a relationship

2   Wǒ ài chī dòufu !
我爱吃豆腐！
I Like Tofu!

Shuāngguānyǔ jí yǐnhán de yìyì
双关语及隐含的意义

(The hidden and double meaning of language)

John went to visit Jingwen, his new girlfriend, and her parents. He stood at the door with a smile, holding some presents. Jingwen and her parents were very pleased to see him.

Today was a special day for John. He would like to please Jingwen's parents, so he brought a bottle of wine for Jingwen's father, and a basket of fruits for her mother. As for Jingwen, he brought her a bouquet of red roses.

Yuēhàn qù bàifǎng xīn jiāo de nǚpéngyou Jìngwén hé tā de
约翰去拜访新交的女朋友静文和她的

fùmǔ . Yuēhàn shǒu li názhe lǐwù zhànzài ménkǒu . Jìngwén hé
父母。约翰手里拿着礼物站在门口。静文和

tā fùmǔ jiànle Yuēhàn hěn gāoxìng .
她父母见了约翰很 高兴。

Jīntiān duì Yuēhàn shì yí ge tèshū rìzi , tā hěn xiǎng ràng
今天对约翰是一个特殊日子，他很 想 让

Jìngwén hé tā fùmǔ gāoxìng , yīncǐ gěi Jìngwén de fùqin dàile
静文和她父母高兴，因此给静文的父亲带了

yì píng pútao jiǔ , gěi Jìngwén de mǔqin dàile yì kuāng shuǐguǒ ,
一瓶葡萄酒，给静文的母亲带了一 筐 水果，

yòu gěi Jìngwén mǎile yí shù hóng méigui huā .
又给静文买了一束红玫瑰花。

Yuēhàn : Bófù , bómǔ , hěn gāoxìng jiàndào nǐmen 。! Zhè shì
约翰：伯父、伯母，很 高兴 见到你们。! 这是
wǒ xiàojìng nín èr lǎo de .
我 孝敬 您二老的。
John: Uncle, aunt, nice to meet you, these are for you.

Jìngwén de bàba : Yuēhàn , nǐ tài kèqi le ! Lái , zhèli zuò .
静文的爸爸：约翰，你太客气了！来，这里坐。
Jingwen's father: John, thank you. Come in, sit here.

Yuēhàn : Xièxie !
约翰：谢谢！
John: Thank you!

Jìngwén de māma : zhèli gēn nǐ zìjǐ jiā yíyàng , qǐng suíyì .
静文的妈妈：这里跟你自己家一样，请随意。
Jingwen's mother: Make yourself at home.

Bingo! So far so good! Both Jingwen's parents were pleased with John. The hard work paid off. John entertained Jingwen's parents with jokes and interesting things happened in his country. Both of her parents were laughing along with John.

While they were chatting, Jingwen finished cooking

and was taking the dishes out. John stood up and helped to set up the table as Jingwen told him before. They all sat down at the dining table.

Yíqiè jìnzhǎn dōu hěn shùnlì。 Jìngwén de fùmǔ dédàole
一切进展都很顺利。静文的父母得到了

lǐwù hěn gāoxìng， duì Yuēhàn de gǎnjué yě bú cuò。 Yuēhàn de
礼物很高兴，对约翰的感觉也不错。约翰的

nǔlì suànshì méiyǒu báifèi。 Yuēhàn gěi Jìngwén de fùmǔ shuōle
努力算是没有白费。约翰给静文的父母说了

xǔduō xiàohuà hé guówài de qíwén qùshì， zhēràng ér lǎo hěn kāixīn。
许多笑话和国外的奇闻趣事，这让二老很开心。

Tāmen zài liáotiān shí， Jìngwén zhèngzài bǎ zuòhǎo de fàncài
他们在聊天时，静文正在把做好的饭菜

duānshàng zhuō。 Yuēhàn mǎshàng zhàn qǐlai， àn Jìngwén tíqián
端上桌。约翰马上站起来，按静文提前

gàosu tā de zuòfǎ， bāngzhe bǎi qǐ wǎnkuài lái， jiēzhe dàjiā
告诉他的做法，帮着摆起碗筷来，接着大家

rù zuò kāishǐ yòngcān。
入坐开始用餐。

我最喜欢吃静文的豆腐。
I love to eat Jingwen's tofu.

静文的爸爸：Duō chī yìdiǎnr, zhè shì mápódòufu, Jìngwén
多吃一点儿，这是麻婆豆腐，静文
de náshǒu hǎo cài!
的拿手好菜！

Jingwen's father: Help yourself. Try this. It's Jingwen's speciality, Mapo-tofu.

约翰：（Xiǎng gěi lǎorén liúxià hǎo yìnxiàng）Wǒ zuì xǐhuan chī
（想给老人留下好印象）我最喜欢吃
Jìngwén de dòufu.
静文的豆腐。

John: (Trying to please them) I love to eat Jingwen's tofu.

静文的妈妈：Zhè dào cài suān liūliū de, bù zhī nǐ ài bu ài chī?
这道菜酸溜溜的，不知你爱不爱吃？

Jingwen's mother: This dish tastes a little sour, I wonder whether you like it.

约翰：Bú yàojǐn, wǒ hěn ài chī cù.
不要紧，我很爱吃醋。

John: That's OK! I love vinegar.

静文的爸爸：（Kāi wánxiào de shuō）Bùdéliǎo! Yuēhàn xǐhuan
（开玩笑地说）不得了！约翰喜欢
chī dòufu, hái xǐhuan chī cù. Jìngwén, zhè ge Yuēhàn yào bu de!
吃豆腐，还喜欢吃醋。静文，这个约翰要不得！

Jingwen's father: (Joking) Well! John likes to eat Jingwen's tofu and drink vinegar. Jingwen, can you stand him?

What happened? Why did Jingwen's parents say that? Did John say something wrong? Was John wrong when he said that he liked to eat tofu and vinegar?

Jiūjìng shì shénme shǐde Jìngwén de fùmǔ shuō cǐ huà? Shì
究竟是什么使得静文的父母说此话？是

Yuēhàn shuō cuò shénme huà le？ Shuō xǐhuan chī dòufu hé chī cù
约翰说错什么话了？说喜欢吃豆腐和吃醋
yǒushénme bú duì ma？
有什么不对吗？

Cultural Tips 文化提示

To build a successful relationship with a Chinese girl, one needs to please not only her, but also her family members. When paying a visit to her family, he has to know what her family members like and don't like. Wine and a basket of fruits are recommended if you are not quite sure what to bring. More importantly, helping set up the table and clean up after the meal will leave a good impression to the elders in the family.

In addition to leaving a good impression, you also need to know what to say and what not to say. Jokes are welcome; however, they should be kept at a minimal amount. You will need to learn the implication of some expressions, such as 吃豆腐 (to eat tofu), 吃醋 (to drink vinegar).

In Chinese, 吃豆腐 and 吃醋 have special meanings. 吃 豆 腐 means to flirt with or to take advantage of a girl, while 吃醋 means to be jealous. In the above case, Jingwen's parents referred to the implied meaning.

1. The origin of the idiom 吃豆腐：

In the old days，most tofu shops were family-run

business, with the husband making tofu at midnight, and the wife selling tofu during the day. The proprietresses had very silky skin and looked very attractive since they ate tofu every day. Male customers liked to be close and flirt with them. When the jealous wife of a male customer found out about this, she would scold her husband: "Eat tofu again today?". Later on, "to eat tofu" became synonymous to skirt chasing.

2. The origin of the idiom 吃醋:

In the Tang Dynasty, an emperor rewarded one of his generals by giving him two beautiful women to serve as his concubines. However, the general was reluctant to claim his reward since his wife would be very jealous. The emperor's words must not be disobeyed, nor be changed, and this put the general in a dilemma. The emperor told the general that he only had two choices: either accept his reward or have his wife drink poisoned wine, which was the traditional method of suicide under the rule of the emperor. In the end, the general's wife chose to drink the poisoned wine. The emperor's true intention, however, was to test her, so she was given a glass of vinegar instead of poisoned wine. Although she did not die from this, her action showed that she would rather die than share her husband with other women. The phrase "to drink vinegar" is thus coined to mean being jealous.

3. The origin of 绿帽子：

In ancient China, all jobs were associated with different colors. People of one particular trade wore clothes of the color associated with his occupation, and his family also wore clothes of that same color. The green color represented erotic trade such as prostitution. Later people used green hats to refer to men with cheating wives.

Yùoxiǎng hé yí ge Zhōngguó nǚháizi bǎochí liánghǎo guānxì,
要 想 和 一 个 中 国 女 孩 子 保 持 良 好 关 系，

nǐ bùjǐn yào qǔyuè yú nǐ xīn'ài de gūniang, zuì hǎo yě
你 不 仅 要 取 悦 于 你 心 爱 的 姑 娘，最 好 也

yào ràng gūniang de jiārén yóuqí shì fùmǔ duì nǐ mǎnyì. Rúguǒ
要 让 姑 娘 的 家 人 尤 其 是 父 母 对 你 满 意。如 果

yào qù nǚháizi de jiā li zuò kè, nà jiù xūyào gǎo míngbai tā
要 去 女 孩 子 的 家 里 做 客，那 就 需 要 搞 明 白 她

de jiārén hé fùmǔ de hàowù. Yàoshi nǐ duìcǐ bú tài qīngchu
的 家 人 和 父 母 的 好 恶。要 是 你 对 此 不 太 清 楚

de huà , jiǔ hé shuǐguǒ shì shībài lǜ bú tài gāo de lǐpǐn . Háiyǒu
的话，酒和水果是失败率不太高的礼品。还有

jiùshì yào jǐnliàng biǎoxiàn de qínkuài yìxiē , rú fàn qián hāngmáng
就是要尽量表现得勤快一些，如饭前帮忙

bǎifàng zhuōzi , cānjù , fàn hòu shōushi wǎnkuài , zhèxiē dōu
摆放桌子、餐具，饭后收拾碗筷，这些都

kěnéng huì gěi Zhōngguó de lǎorénmen liúxià qínkuài de hǎo yìnxiàng .
可能会给中国的老人们留下勤快的好印象。

Cǐ wài , shuōhuà dé tǐ yě néng gěi rén liúxià hǎoyìngxiàng .
此外，说话得体也能给人留下好印象。

Jiǎng xiàohuà shì gè bú cuò de xuǎnzé , dànyào zhùyì fēngcùn , yào
讲笑话是个不错的选择，但要注意分寸，要

zhīdào yǒuxiē cíyǔ zài bù tóng de wénhuà bèijǐng li huì yǒuxiē
知道有些词语在不同的文化背景里会有些

tèshū de hányì , rú běnzhāng zhōng de " chī dòufu ", " chī
特殊的含义，如本章中的"吃豆腐"、"吃

cù " děng cí .
醋"等词。

Zài Hànyǔ li , chī dòufu hé chī cù zài yìxiē chǎnghé
在汉语里，吃豆腐和吃醋在一些场合

zhōng yǒu zhe tèshū hányì . " Chī dòufu " zhǐ zhàn nǚháizi de
中有着特殊含义。"吃豆腐"指占女孩子的

piányi , " chī cù " zhǐ zài nánnǚ róngyì duì yìxìng chǎnshēng
便宜，"吃醋"指在男女容易对异性产生

jídù qíngxù . Jìngwén de fùmǔ tīngshuō Yuēhàn jì xǐhuan chī
嫉妒情绪。静文的父母听说约翰既喜欢吃

dòufu yòu ài chī cù , jiù kāile cǐ wánxiào .
豆腐又爱吃醋，就开了此玩笑。

Yǒuguān " chī dòufu " hányì de chuánshuō :
1. 有关"吃豆腐"含义的传说：

Zài yǐqián , kāi dòufu diàn de dàdōu shì fūqī èr rén ,
在以前，开豆腐店的大都是夫妻二人，

nánrén cóng bànyè jiù kāishǐ zuò dòufu , lǎopo zài báitiān
男人从半夜就开始做豆腐，老婆在白天

卖豆腐。天长日久，这些老婆即豆腐店
老板娘们大都因常吃豆腐而养得细皮嫩肉，
很是养眼，因此也就引来许多男人前去骚扰。
这样一来就引起了骚扰者的老婆的不满，
她们常会对着自己老公含有嫉妒性地唠叨：
今天又要吃豆腐了？由此，吃豆腐也成了调戏
女性的同义语。

2. 有关"吃醋"含义来源的传说

在唐朝有位皇帝奖励了一位有功的
大臣两名美女。但这位大臣表示很难接受
这个奖励，因为他的太太过于嫉妒。皇帝是
金口玉言，说出的话不能更改，而大臣又
无法拒绝皇帝的奖励，因此很是为难。皇帝
于是给了大臣两个选择：一个是接受奖励，
另一个是赐予大臣的太太一杯毒酒，让她
自我了断。结果大臣的太太选择了死，喝下

le huángdì yùcì de dújiǔ . Ér huángdì shíjì zhǐshì xiǎng shìtàn
了皇帝御赐的毒酒。而皇帝实际只是想试探

yí xià zhè wèi dàchén de tàitai , cì de zhǐshì yì bēi chéncù . Zhè
一下这位大臣的太太，赐的只是一杯陈醋。这

wèi tàitai hēle chéncù zìrán yě jiù méiyǒu sǐ . Jiéguǒ , zhè
位太太喝了陈醋自然也就没有死。结果，这

wèi tàitai yīnwèi jídù nìngyuàn xuǎnzé sǐwáng de gùshi chéngle
位太太因为嫉妒宁愿选择死亡的故事成了

měi tán , "chī cù" zhè ge cí yě jiù yīncǐ ér hányǒule qiángliè
美谈，"吃醋"这个词也就因此而含有了强烈

jídù de tèshū hányì .
嫉妒的特殊含义。

Guānyú "lǜ màozi" láiyuán de chuánshuō
3. 关于"绿帽子"来源的传说

Zài gǔdài Zhōngguó , bùtóng zhíyè yào chuān bù tóng yánsè
在古代中国，不同职业要穿不同颜色

de yīfu , shènzhì qí jiārén yě yào chuān xiāngyìng yánsè de
的衣服，甚至其家人也要穿相应颜色的

yīfu . Lǜsè biǎoshì de shì dījiàn , āngzāng , xiàliú de
衣服。绿色表示的是低贱、肮脏、下流的

zhíyè , qízhōng yě bāokuò jìnǚ chāngfù . Hòulái yǒurén xìchēng ,
职业，其中也包括妓女娼妇。后来有人戏称，

qīzi hé biéren yóu bú zhēngdāng guānxì , zhàngfu yě yīnggāi
妻子和别人有不正当关系，丈夫也应该

dàishàng dǐng lǜ màozi , yǐ shì cháofěng .
戴上顶绿帽子，以示嘲讽。

Useful Expressions 实用表达法

Some Chinese words have different meanings depending on the context in which they are used. The hidden meanings of words are what make Chinese a fun language to learn. The following are some examples.

Hànyǔ zhōng yǒuxiē yǔcí zài tèdìng de yǔjìng zhōng huì
汉语 中 有些语词在特定 的 语境 中 会

chǎnshēng yìxiē tèshū hányì . Zhèzhǒng yǐnhuì de yǔyì shǐde
产 生一些 特殊含义。 这 种 隐晦的 语意使得

Hànyǔ de xuéxí gèngjiā jùyǒu tiǎozhànxìng . Xiàmian shì yìxiē
汉语的学习更加具有挑战性。 下面是一些

chángjiàn de lìzi .
常 见的例子。

 Slang
Súyǔxíng :
俗语型：

Expression	Hidden meaning	Example
Chī cù 吃醋 To drink vinegar	Duō yòngyú jídù zìjǐ xǐhuan 多用于嫉妒自己喜欢 de rén hé qíta yìxìng zài yìqǐ 的人和其他异性在一起 To be jealous of one's sweetheart being with other people	Nǐ zhè rén zěnme zhème ài chī 你这人怎么这么爱吃 cù ? 醋？ How come you easily get jealous?

Chī dòufu 吃 豆腐 To eat tofu	Jùyǒu xìng sāorǎo xìngzhì de zhàn 具有性骚扰性质的占 piányi 便宜 Flirtation or other sexual harassment	Nà gāng lái de gūniang rén 那 刚 来 的 姑 娘人 bú cuò, bié lǎo qù chī rénjiā 不错，别老去吃人家 dòufu. 豆腐。 The new girl is a nice person, don't ever flirt with her.
Dài lǜ màozi 戴绿帽子 To wear green hat	Qīzi hé bié de nánrén yǒu bú 妻子和别的男人有不 zhèngdàng guānxì de nánrén 正 当 关系的男人 Men with a cheating wife	Tīngshuō tā lǎogōng dài lǜ 听 说 她老公戴绿 màozi le. 帽子了。 I heard she had an affair and cheated on her husband.
Chū xiě 出血 To bleed	wéi tārén ná chūqiánhuòdōngxi. 为他人拿出钱或东西。 To spend money for others	Zhè cì děiràng jīnglǐ chūchu xiě 这次得让经理出出血 le. 了。 The manager will have to spend a lot this time.
Pánr liàng 盘儿 靓 Pretty face	Nǚxìng zhǎng de piàoliang, 女性长得漂亮， pánr jiùshì zhǐ liǎn 盘儿就是指脸 A female with a pretty face	Tā jiùshì pánr liàng, kě lùn 她就是盘儿靓，可论 nénglì jiù chà diǎnr le. 能力就差点儿了。 She has a pretty face but lacks abilities.

Tiáor shùn 条儿顺 Slender figure	Nǚxìng de shēncái miáotiao, xìcháng 女性的身材苗条、细长 A female with a good or slender figure	Zhè ge nǚháizi bùjǐn piàoliang, tiáor yě shùn, jiānglái kěyǐ dāngyǎnyuán le. 这个女孩子不仅漂亮，条儿也顺，将来可以当演员了。 The girl has not only pretty face but also nice figure, she could be an actress.
Pāi mǎpì 拍马屁 To hit on horse's buttocks	Tǎohǎo, fèngcheng, chǎnmèi mǒurén 讨好、奉承、谄媚某人 To toady to someone, to bootlick	Tīngshuō tā de zhè ge zhíwèi shì kàopāishàngsī mǎpì dédào de. 听说他的这个职位是靠拍上司马屁得到的。 I heard that he got this position by flattery.
Wáng Lǎowǔ 王老五 A nick name	Dānshēnhàn 单身汉 A bachelor, single	Tā kě shì zuànshí Wáng Lǎowǔ, chīxiāngzhe ne. 他可是钻石王老五，吃香着呢。 He is a diamond bachelor and well-liked everywhere.
Diào liànzi 掉链子 To slip the chain of bicycle	Zài guānjiàn de shíkè chū cuò, tuìsuō. 在关键的时刻出错、退缩。 To fail at critical moment	Tā zhè rén a, zǒngshì zài guānjiàn shíkè diào liànzi. 他这人啊，总是在关键时刻掉链子。 He always fails at critical moment.

| Zuò lěng bǎndèng 坐冷板凳 To sit on cold bench | Bú shòu zhòngshì, zāodào lěngyù. 不受重视，遭到冷遇。 Back seat, indifferent post, cold reception | Wǒ zài nàr zuòle hǎo jǐ nián lěngbǎndèng. 我在那儿坐了好几年冷板凳。 I have been ignored for a couple of years there. |

 Expressions with Number.
Shùzìxíng：
数字型：

Expression	Hidden meaning	Example
Sānzhīshǒu 三只手 Three hands	Xiǎotōu, qiánkè, páshǒu 小偷、掮客、扒手 A thief, a lifter, a burglar	Nàrén shì sānzhīshǒu, dāng- 那人是三只手，当 xīndiǎnr. 心点儿。 Be careful! He is a thief.
Èrbǎiwǔ 二百五 Two hundred and fifty	Cháng zhǐ shuōhuà bàn shì mǎng- 常指说话办事莽 zhuàng suíbiàn, bú zhèngjīng, 撞随便、不正经, hào chū yángxiàng de rén 好出洋相的人 Usually refers to someone who speaks or behaves impudently	Nà ge rén yǒu xiē èrbǎiwǔ, 那个人有些二百五, zuò shì shí cóng bù xiǎng 做事时从不想 hòuguǒ. 后果。 He is a fool, and never thinks about the outcome when doing anything.

Sān bā 三八 Three and eight	Guòqù cháng yònglái zhǐ nǚxìng 过去 常 用来 指 女性 jǔzhǐ qīngfú, zuò shì lǔmǎng. 举止 轻浮、做事 鲁莽。 xiàn yě yòng yú zuò shì huǎnmàn, 现 也 用于 做事 缓慢、 shuō huà luōsuo, gǎnqíng cuìruò 说 话 啰嗦,感情 脆弱 de nánxìng 的 男性 Used to refer to females who are unserious and rash. Now also used for males who are fussy and weak	Nǐ kě zhēn sānbā a, 你 可 真 三 八 啊, zhème yí ge xiǎo shì nǐ 这么 一 个 小 事,你 zěnme yǒu zhème duō shuō- 怎么 有 这么 多 说 fǎ? 法? Aren't you fussy? How could you say that much over such a trifle?
Èrbǎdāo 二把刀 Secondary knife	Yòng lái chēng yèwù bù shúxi 用 来 称 业务 不 熟悉、 zhīshi bù zú de rén 知识 不 足 的 人 Person who is not familiar with a certain business	Wǒ gāng rù zhè yì háng, 我 刚 入 这 一 行, zhǐshì ge èrbǎdāo, qǐng 只是 个 二把刀,请 duō bāohán. 多 包涵。 Please forgive me. I'm new in this trade.

Jargon
Hánghuàxíng :
行 话 型：

Expression	Hidden meaning	Example
Wànr 腕儿 A wrist	Jí yǒu míngqì de rén huò zài 即有名气的人或在 mǒu yì hángyè nèi yǒu shílì 某一行业内有实力 hé yǐngxiǎnglì de rén 和影响力的人 Celebrity, or someone who succeeds in certain business	Tīngshuō jīntiān yǒu dà wànr yǎn- 听 说 今天有大腕儿演 chū, qù kànkan. 出，去看看。 There will be a celebrity in today's performance. Let's go have a look.
Huángniú 黄 牛 A cow	Fēifǎ dǎomài cóngzhōng qǔ 非法倒卖从 中 取 lì de fànzi 利的贩子 A scalper	Háishi bié gēn nàxiē huángniú 还 是 别 跟 那些 黄 牛 luōsuowéihǎo, bǎo bu zhǔn jiù bèi 啰唆为好，保不准就被 zǎi yì dāo. 宰一刀。 Don't talk to those scalpers. You'll be ripped off for sure.

Xiǎo mì **小蜜** Honey	lǎobǎn mìshū de jiǎnchēng, 老板秘书的简称, yǒushí hán yǒu lǎobǎn de 有时含有老板的 qíngrén zhī yì 情人之意 The secretary of a boss, who maybe the boss' lover at the same time	Tīngshuō tā shì nǐ lǎobǎn de xiǎo 听说她是你老板的小 mì? 蜜? Is she the lover of your boss?
Tuōr **托儿** Capper	Bāng jiānshāng qīpiàn gùkè 帮奸商欺骗顾客 gòumǎi huòwù de rén 购买货物的人 Someone who helps the profiteer to sell something	Nà rén shì tuōr, nǐ hái xìn tā de 那人是托儿,你还信他的 huà? 话? That guy is not a real customer. Do you really believe in him?
Léizi **雷子** Detonator	Zhǔyào yòngyú Běijīng dì- 主要用于北京地 qū, biǎoshì jǐngchá. 区,表示警察。 Policeman, mainly used in Beijing	Léizi láile, kuài zǒu. 雷子来了,快走。 The police are coming, leave quickly.

Expressions from the Internet.

Wǎng luò xíng
网络型：

Expression	Hidden meaning	Example
Kǒnglóng 恐 龙 Dinosaur	Chǒu nǚ 丑女 Ugly woman	Jīntiān wǒ zhēn gòu dǎo méi de，pèng le 今天我真够倒霉的，碰了 zhī féi kǒnglóng． 只肥恐龙。 It's a lousy day for me to see a fat ugly woman.
Wǔèrlíng 5 2 0 Five two zero	Hànyǔ "wǒ ài nǐ" de 汉语"我爱你"的 xié yīn 谐音 Pronunciation close to "I love you" in Chinese	Nǐ yào zuò wǒ nánpéngyou de huà， 你要做我男朋友的话， měitiān bìxū duì wǒ shuō wǔèrlíng． 每天必须对我说 5 2 0。 You have to say "I love you" every day if you want to be my boyfriend.
Qīngwā 青蛙 Frog	Chǒunán 丑男 Ugly man	Nǐ zhè zhī qīngwā yě lái còu shénme 你这只青蛙也来凑什么 rènao？ 热闹？ Why do you ugly man come to the hustle and bustle?

Càiniǎo 菜鸟 Vegetable bird	Chūxuézhě 初学者 Beginner	Nǐ jìn gōngsī hái bú dào bàn nián, 你进公司还不到半年, háishi yì zhī càiniǎo, bié nàme 还是一只菜鸟,别那么 zhāngyáng. 张扬。 You are a newcomer and only joined the company for less than six months. You'd better keep the soft pedal.

3

Nín kàn shàngqu hǎo niánqīng a !

您看上去好年轻啊！
You Look So Young!

Tǎolùn niánlíng de jìqiǎo
讨论年龄的技巧

(Skills on talking about age)

真的？简直不敢相信，您看上去只有60来岁。
Really? I cannot believe it. You look just around 60.

John did not have much experience talking about age because people in his country don't often do so in regular conversations. He found people in China talking about age on a regular basis. One day John was visiting a potential customer's home with Dajun. The potential customer, Mr. Zhang, lived with his parents. They talked about age several times. Once was between Dajun and Mr. Zhang's father.

The Way We Communicate   39

Yuēhàn guòqù bìng méiyǒu tài duō tánjí niánlíng de jīngyàn,
约翰过去并没有太多谈及年龄的经验,

yīn yǐqián zài gōngsī li rénmenhěn shǎo shèjí zhè ge huàtí . Dàn
因以前在公司里人们很少涉及这个话题。但

tā fāxiàn zài Zhōngguó zhè shì ge hěn cháng jiàn de huàtí . Yì tiān
他发现在中国这是个很常见的话题。一天

tā hé dàjūn yìqǐ qùle yí ge jīnhòu yǒu kěnéng chéngwéi gōngsī
他和大军一起去了一个今后有可能成为公司

kèhù de Zhāngjīnglǐ jiā li , tā shì hé fùmǔ yìqǐ zhù . Zài
客户的张经理家里,他是和父母一起住。在

tāmen de tánhuà zhōng yǒu hǎo jǐ cì huàtí dōu shèjíle niánlíng,
他们的谈话中有好几次话题都涉及了年龄,

qízhōng yí cì shì fāshēng zài Dàjūn hé Zhāngjīnglǐ de fùqin
其中一次是发生在大军和张经理的父亲

zhī jiān .
之间。

Dàjūn: Bófù , dǎjiǎonín le . Nínhǎoma?
大军:伯父,打搅您了。您好吗?
Dajun: Uncle Zhang, sorry to bother you. How are you?

Zhāng jīnglǐ de fùqin : Bié kèqi , kuàiqǐng zuò . wǒhěnhǎo .
张 经理的父亲:别客气,快请坐。我很好。
Zhang's father: I am fine. You are very welcome. Please take a seat.

Dàjūn: Bófù , nín kàn shàngqu shēntǐ zhēn hǎo , nín jīn nián gāo
大军:伯父,您看上去身体真好,您今年高
shòu?
寿?
Dajun: You look very healthy. How old are you?

Zhāng jīnglǐ de fùqin : yǐjīng lǎo le , jīn niándōu qīshísì le .
张 经理的父亲:已经老了,今年都74了。
Zhang's father: I am 74, quite old now.

Dàjūn: Zhēn de? Jiǎnzhí bù gǎn xiāngxìn, nín kàn shàngqu zhǐ yǒu liùshí lái suì.

大军: 真的? 简直不敢相信,您看上去只有60来岁。

Dajun: Really? I cannot believe it. You look just around 60.

Zhāng jīnglǐ de fùqin: Tuōnín de fú, xièxie a!

张经理的父亲: 托您的福,谢谢啊!

Zhang's father: It's kind of you. Thank you!

Zhang's father seemed very happy at Dajun's words. A little bit later, Dajun talked about age again with Mr. Zhang.

Zhāng jīnglǐ de fùqin tīngle zhè ge huà hòu hěn gāoxìng.

张经理的父亲听了这个话后很高兴。

Bù yíhuìr, Dàjūn yòu hé Zhāngjīnglǐ tándàole niánlíng.

不一会儿,大军又和张经理谈到了年龄。

Dàjūn: Zhāngjīnglǐ, nín zài zhè ge gōngsī gōngzuò duōshao nián le?

大军: 张经理,您在这个公司工作多少年了?

Dajun: Mr. Zhang, how long have you been working for your company?

Zhāngjīnglǐ: Ràng wǒ xiǎngxiang, dàgài yǒu sān niánle ba.

张经理: 让我想想,大概有三年了吧。

Mr. Zhang: Let me see, about three years.

Dàjūn: Cái sān nián jiù yǐjīng shì jīnglǐ la, wǒ hái yǐwéi nín yídìng zài nàr gōngzuò hěn jiǔle ne.

大军: 才三年就已经是经理啦,我还以为您一定在那儿工作很久了呢。

Dajun: Wow! Three years only and you are already a manager. I thought you had been working there for a very long time.

Zhāng jīnglǐ: Wǒ 2000 nián bìyè, zài ADC gōngsī gōngzuòle
张经理：我 2000 年毕业，在 ADC 公司工作了
wǔ nián, yòu zhuǎn dào xiànzài de gōngsī.
五年，又 转 到现在的公司。

Mr. Zhang: I graduated from university in 2000, and worked at ADC for five years before I came to this company.

Dàjūn: Nín jīnnián yǒu sānshíle ma?
大军：您今年 有 30 了吗?
Dajun: May I ask how old you are?

Zhāng jīnglǐ: Dàole shēngrì jiù sānshíle.
张经理：到了 生日 就 30 了。
Mr. Zhang: I'm nearly 30.

Dàjūn: Wǒ zhēn bù gǎn xiāngxìn, xiàng nín bànshì zhème chéngshú
大军：我 真 不 敢 相信，像 您办事这么 成 熟
wěnzhòng, nǎ xiàng cái sānshí de rén, zhēn shì pèifú.
稳 重，哪 像 才 30 的人，真 是 佩服。

我怎么看才20多岁呢?
You look like in your 20s.

你这个老外，哪看得清楚这个!
You are a foreigner! You can't tell !

Dajun：I really can't believe it. You are very reliable despite of your young age. It is admirable.

Yuēhàn：Nà wǒ zěnme kàn cái èrshíduō suì ne?
约翰：那我 怎么 看才 20 多岁呢?
John: I think you are around 20?

Dàjūn：Hā —— Nǐ zhè ge lǎowài, nǎ kàn de qīngchǔ zhè ge!
大军：哈 —— 你这个老外，哪看得清楚 这个!
Dajun: You are a foreigner! You can't tell.

John was confused at talking about age after this visit. He asked Dajun for tips and finally understood that the Chinese people were happy to hear flattery of them looking young. John thought it was easy for him to compliment on others' age.

John practiced what he learned a couple of days later. When meeting young manager Mr. Wang, he started chatting with him about age.

Zhè cì bàifǎng hòu Yuēhàn fāxiàn tā wánquán bù míngbai gāi
这次拜访后约翰发现他完全不明白该
rúhé hé Zhōngguó rén tánlùn niánlíng. Tā qǐngjiào Dàjūn hòu cái
如何和中国人谈论年龄。他请教大军后才
míngbai, yuánlái Zhōngguó rén yě xǐhuan bèi biérén kuā niánqīng
明白，原来中国人也喜欢被别人夸年轻
a. Zhè kě jiǎndān duō le.
啊——这可简单多了。

Jǐ tiān hòu, Yuēhàn pèngdàole gōngsī li niánqīng de Wáng
几天后，约翰碰到了公司里年轻的王
jīnglǐ, Yuēhàn jiù kāishǐ hé tā liáoqǐle niánlíng de huàtí.
经理，约翰就开始和他聊起了年龄的话题。

Yuēhàn: Wáng jīnglǐ, nín zài gōngsī gōngzuò duōcháng shíjiān le?
约翰：王 经理，您在公司 工 作 多 长 时间了？
John: Mr. Wang, how long have you been working for this company?

Wáng jīnglǐ: Yǒu liǎng niánle ba.
王 经理：有 两 年了吧。
Manager Wang: About two years.

Yuēhàn: Wā, zhēn lìhai, cái liǎng nián jiù yǐjīng zuò jīnglǐ le. Nín
约翰：哇，真 厉害，才 两 年就已经做经理了。您
kàn shàngqu hái hěn niánqīng, zuìduō yě zhǐyǒu sānshíwǔ suì ba.
看上 去 还 很 年 轻，最多也只有 3 5 岁吧。
John: Oh, only two years and you're a manager already. You look pretty young, around 35?

Wáng jīnglǐ: Ó? Wǒ kàn shàngqu yǐjīng yǒu sānshíwǔ suì le?
王 经理：哦？我看 上 去已经 有 3 5 岁了？
Manager Wang: I look like 35 already?

Yuēhàn: Shì a, nǐ kàn shàngqu hěn niánqīng a!
约翰：是啊，你看 上 去 很 年 轻 啊!
John: Yes, you look very young.

Wáng jīnglǐ: Xièxie, nǐ de yǎnlì zhēn hǎo!
王 经理：谢谢，你的 眼力 真 好！
Manager Wang: Thanks a lot. You have good judgment.

Yuēhàn: Méi guānxi.
约翰：没 关系。
John: You are welcome.

John was very satisfied with this age related conversation, but after a couple of weeks he found out Mr. Wang was only 28 years old. That made John upset.

Yuēhàn duì zìjǐ tǎolùn niánlíng huàtí de cāoliàn hěn mǎnyì,
约翰对自己讨论年龄话题的操练很满意,

dàn jǐ ge xīngqī yǐhòu tā fāxiàn Wáng jīnglǐ shíjì cái èrshíbā
但几个星期以后他发现 王 经理实际才 2 8

suì, érqiě hěn bú lèyì rénmen shuō tā zhǎng de lǎo xiàng。 Zhè
岁,而且很不乐意人们说他长得老相。这

ràng Yuēhàn gǎndào hěn jǔsàng.
让约翰感到很沮丧。

Cultural Tips 文化提示

Traditionally asking about age is not a taboo in China even with females. Sometimes it could be a useful topic to make people happy. However, it is not an easy thing to get right. There are several rules.

The young Chinese prefer to be complimented as looking young, just like Western people, but there are a few exceptions.

There is a Chinese idiom: 嘴上没毛, 做事不牢 (It's better not to trust those young men who have no mustache). So capable young people will be happy if others add a few more years to their age.

For the middle-aged men, adding a few more years to their age is also a good idea. For instance, a 35-year-old manager may be pleased if he is complimented as considerate and mature as like a person of older age.

One can feel free to talk about age with elders as

there is nothing special to consider. Simply take away a few years from their actual age.

Recently, because of the Western influence, females, especially young girls in big cities, are becoming reluctant about revealing their true age. To communicate with this kind of females, Western method is a simple solution.

在传统上中国人并不忌讳谈论年龄，哪怕是和女士也没有问题。有时候这甚至是个很有用的话题，它能让人感到轻松愉快。但是，这也需要遵循一些基本原则。现在年轻的中国人开始像西方人那样喜欢被夸年轻，但也有一些例外。中国有句老话叫做：嘴上没毛，做事不牢。因此夸奖那些办事能力较强的年轻人时加上几岁反而会使他们高兴。

给中年人多说几岁有时候也会有特殊效果。人到中年时事业有成，家庭幸福是大多数人的愿望。而评价成功的原则是，实际年龄越小，地位升迁得越高，其成功

dù yě jiù yuè dà .   Lìrú kuājiǎng yí wèi zhǐ yǒu sānshíwǔ suì de
度也就越大。例如夸奖一位只有 3 5 岁的

rén qí zuò shì fēnggé rú   sì - wǔshí suì de rén yíyàng zhōumì xìzhì ，
人其做事风格如四、五十岁的人一样周密细致，

zhè huì lìng tā hěngāoxìng . Hé lǎoniánrén jiāotán jiùgèng wúxū gùjì
这会令他很高兴。和老年人交谈就更无须顾忌

tài duō ， nǐ zhǐyào shāowēi gěi tāmen jiǎnqīng jǐ suì jí kě .
太多，你只要稍微给他们减轻几岁即可。

Jìnlái yīn shòu xīfāng wénhuà de yǐngxiǎng ，   nǚrénmen
近来因受西方文化的影 响，女人们

tèbié shì   nàxiē dàchéngshì de nǚxìng yě kāishǐ bú yuànyì ràng
特别是那些大城市的女性也开始不愿意让

biérén zhīdào tāmen de zhēnshí nián líng . Hé nàxiē   xīhuàle de
别人知道她们的真实年龄。和那些西化了的

nǚshì men dǎ jiāodao nà yě zhǐ néng cǎi yòng xīfāng fāngshì le .
女士们打交道那也只能采用西方方式了。

Useful Expressions 实用表达法

 Common Ways of Asking About One's Age.

Guānyú niánlíng de chángyòng xúnwèn fāngfǎ :
关于年龄的常 用询问方法:

Question	When or how to use
Nǐ jīn nián duō dà le ? 你今年多大了? How old are you?	Duì zhōuwéi rénzuì pǔtōng de wènfǎ 对 周围人最 普通的问法 The most common way of asking about age

Nín jīn nián guì gēng? 您今年贵庚？ How old are you?	Duì zhǎng zhě zūn jìng de tíwèn fǎ, Shǔyú réng zài shǐ- 对长者尊敬的提问法，属于仍在使 yòng de gǔ Hànyǔ 用的古汉语 Classic Chinese of asking elders about their age, showing politeness
Nín jīn nián gāoshòu? 您今年高寿？ How old are you?	
Nǐ jǐ suì la? 你几岁啦？ How old are you?	Yòngyú duì háizi niánlíng de xúnwèn 用于对孩子年龄的询问 Normally used for kids
Nǐ shì shǔ shénme de? 你是属什么的？ What is your zodiac animal?	Zhè ge wènfǎ fēicháng dìdào, dàn xūyào míngbai 这个问法非常地道，但需要明白 Zhōngguó shí'èr shǔxiàng de zhīshi 中国十二属相的知识 This is a typical Chinese question. But you should know something about Chinese zodiac in advance.

 Common Ways of Answering About One's Age.

Duìyú niánlíng de chángyòng huídá fāngfǎ :
对于年龄的常用回答方法：

Answer	When or how to use
Wǒ jīn nián xx suì le. 我（今年）×× 岁了。 I am xx years old.	Chàbuduō suǒyǒu niánlíng duàn de rén dōu kěyǐ zhème 差不多所有年龄段的人都可以这么 huídá 回答 A pretty common answer used by almost everyone

Wǒ dōu niánguò bànbǎi la . 我 都 年 过 半 百 啦。 I am over 50 years old.	Shuō zhè huà zìrán shì wǔshí chūtóu de rén . 说 这 话 自然 是 五十 出头 的 人。 This obviously belongs to people who are over 50.
Wǒ shì shǔ hóu de . 我 是 属 猴 的。 I was born in the year of monkey.	Zhège huídá hěn chuántǒng , yǒuxiē Zhōngguórén 这个 回答 很 传 统 , 有些 中 国 人 xǐhuan yòng shǔxiàng lái tánlùn niánlíng . 喜欢 用 属 相 来 谈论 年 龄。 This answer is traditional. Some Chinese like to talk about their zodiac animal.
Yǐjīng zhī tiānmìng la . 已 经 知 天 命 啦。 I am aware of my destiny already.	Zhèzhǒng biǎodá fǎ láiyuán yú kǒngzǐ de yí duàn huà : 这 种 表达法 来源 于 孔子 的 一 段 话： " Sānshí ér lì , sìshí ér búhuò , wǔshí ér zhī "三十 而 立， 四十 而 不惑， 五十 而 知 tiānmìng , liùshí ér ěr shùn , qīshí ér cóng xīn suǒ 天 命， 六十 而 耳顺， 七十 而 从 心 所 yù , bù yú jǔ ." 欲， 不 逾 矩。" This expression came from Confucius, who said: "... At thirty I stood firm; at forty I had no more doubts; at fifty I knew my destiny; at sixty I could hear the biddings of Heaven with docile ears; at seventy I did as I pleased and never to excess."

Yǐjīng bù zhōngyòng le ，lǎo 已经不中用了，老 la . 啦。 I am dried up already, too old now.	Dàyuē qīshí yǐ shàng de lǎorén kěyǐ zhème huídá 大约七十以上的老人可以这么回答 A usual answer for people who are over 70
Wǒdōushàng zhōngxué le . 我都上中学了。 I am in middle school.	Zhè shì háizi de huídá fāngshì， suīrán méiyǒu zhíjiē 这是孩子的回答方式，虽然没有直接 huídá niánlíng， dàn yě suànshì ge bǐjiào línghuó de 回答年龄，但也算是个比较灵活的 huídá 回答 It is used by teenagers as an indirect answer.
Wǒ shì huīfù gāokǎo nà nián 我是恢复高考那年 chūshēng de . 出生的。 I was born in the year the College Entrance Exam was resumed.	Yǐ yí ge dàjiā dōu zhīdào de lìshǐ shìjiànwéiniánlíng 以一个大家都知道的历史事件为年龄 de cānkǎo xìshù huídá， kěyǐ bìmiǎn yǔyán de 的参考系数回答，可以避免语言的 dāndiào， yě kě yǐnchūtánlùn de huàtí 单调，也可引出谈论的话题 Using a historic event as the reference to the age can lead to more topics.

Smart Ways of Asking About Senior Person's Age.

Yǔ lǎoniánrén tánlùn niánlíng de qiǎomiào fāngfǎ :
与 老年人谈论年龄的巧妙方法:

Question	When or how to use	Answer
Nínlǎo shēntǐ kě zhēn 您老身体可真 bàng a！Yǒu liùshí 棒啊！有60 ma? 吗?	Xiàng liùshí suì yǐshàng de rén 向 60岁以上的人 xúnwèn niánlíng bù xūyào shényāo 询问年龄不需要什么 qiǎomiào fāngfǎ Lǎoniánrén dà 巧妙方法。老年人大 dōu xǐhuan shuō zìjǐ lǎo, zhè 都喜欢说自己老，这 kěnéng hé Zhōngguó rén chuántǒng 可能和中国人传统 shàngzūnzhòng lǎorén yǒuguān 上尊重老人有关	Wǒ shì wùchén nián shēng 我是戊辰年生 （yī jiǔ èr bā nián ）， （1928年 ）， jīnnián bāshí, lǎo le 今年80，老了。
You are in great shape. Are you reaching 60?	There is no special way to ask elders' age, just go directly. Seniors like to say they're old since Chinese traditionally respect the elders.	I was born in 1928. I am 80 now, quite old.

Nín yīnggāi bǐ wǒ 您应该比我 nián zhǎng yì diǎn 年长一点 ba? 吧? You must be senior to me?	Zhè zhǒng shuōfǎ bǐjiào wěiwǎn, 这种说法比较委婉, shì yòng zhùmíng lìshǐ shìjiàn lái 是用著名历史事件来 biǎoshì niánlíng de lìzi 表示年龄的例子 It is a less offensive way to ask about age. This is an example of referring to historic event.	Wǒ shì Rìběn réntóuxiáng 我是日本人投降 nà nián (sìwǔ nián) 那年(45年) chūshēng de, nǐ ne? 出生的,你呢? I was born in the year the Japanese surrendered. How about you?

Smart Ways of Talking About Age with a Middle-aged or a Young Person.

Yǔ zhōngniánrén hé niánqīngrén tánlùn niánlíng de qiǎomiào
与中年人和年轻人谈论年龄的巧妙
fāngfǎ:
方法:

Example	When or how to use	Answer
Nǐ de háizi zhème dà le, 你的孩子这么大了, kěshì nǐ kàn shàngqu zěnme 可是你看上去怎么 háizhèmeniánqīng? 还这么年轻? You have got such a big kid, how do you look so young?	Zhè duìyú zhōngniánrén shì ge 这对于中年人是个 bǐjiào hǎode fāngfǎ 比较好的方法 It is a good way used for middle-aged women.	wǒ niánqīng shén me 我年轻什么 ya, dōu biànchéng 呀,都变成 huángliǎnpó le 黄脸婆了。 I look young? I look like an old woman now.

Nǐ de háizi zhème dà le , 你的孩子这么大了, kěshì nǐ kàn shàngqu zěnme 可是你看上去怎么 háizhèmeniánqīng? 还这么年轻?	Zhè shì nǚxìng shì de huídá , 这是女性式的回答, chánghuìqiānxū de shuō zìjǐ de 常会谦虚地说自己的 quēdiǎn, bìngwěiwǎnde tòulòu 缺点,并委婉地透露 zìjǐ deniánlíng 自己的年龄	Bù xíng le , sānshí 不行了,30 suì le , yúwěiwén 岁了,鱼尾纹 dōu yǒu le . 都有了。
You have got such a big kid, how do you look so young?	This is a typical answer from ladies. They usually speak of something that makes them look old.	I am not young, already 30 and have wrinkles.
Nǐ shàng dàxué shí shì nǎ jiè 你上大学时是哪届 de? 的?	Zhè bǐjiào shìhé yǔ zìjǐ nián- 这比较适合与自己年 líng xiāngfǎng hé xuélì xiāng- 龄相仿和学历相 dāng de qíngkuàng. Huí dá shí 当的情况。回答时 yàoqīngchu:" jǐ " zhǐshàng 要清楚:"级"指上 dàxué nà yì nián," jiè " zhǐ 大学那一年,"届"指 bìyè nà yì nián 毕业那一年	Wǒ shì bālíng jiè 我 是 80 届 de 的。
When did you graduate from university?	The question suits people with similar education background and age. Please remember the difference between 级 (the year enrolled) and 届 (the year graduated).	I graduated in 1980.

Nǐ shì qīlínghòu háishi 你 是 70 后 还是 bālínghòu 80 后？ Were you born in the 70s' or 80s' ?	Zhè kě shì jìnnián lái bǐjiào 这 可是 近年 来比较 liúxíng de shuōfǎ， bālínghòu 流行 的 说法，80 后 biǎoshì bāshí niándài chūshēng 表示 80 年代 出生 de niánqīngrén 的 年轻人 This type of expression get popular in recent years，80 后 means being born in the 1980s, a young generation.	Wǒ kě shì qījiǔnián 我 可是 79 年 chūshēng de，yīng- 出 生 的，应 gāi suàn shì qīlíng- 该 算 是 70 hòu le ba. 后 了 吧。 I was born in 79, should be in the 70s'.

4 今天公司有晚会?

Jīntiān gōngsī yǒu wǎnhuì ?

Are We Having a Party Today?

Wěiwǎn de pīpíng
委婉的批评

(Tactful criticism)

As he was walking back to his office, John met Lily who was wearing a sexy dress. He would have commented, or even complimented Lily's dress, had she worn it to a banquet. Nonetheless, this was the work place and her dress was not in line with the company dressing code. As her supervisor, John had to tell her that the dress she wore was inappropriate for office environment. How should he remind her and avoid any embarrassment?

Yuēhàn zǒu huí bàngōngshì shí , zhènghǎo pèngdào yì shēn
约翰走回办公室时，正好碰到一身
xìnggǎn dǎban de Lìli . Rúguǒ shuōshì zài yí ge wǎnyàn shàng ,
性感打扮的莉莉。如果说是在一个晚宴上，
duì Lìli de zhè shēn dǎban tā huì shífēn zànshǎng , shènzhì huì
对莉莉的这身打扮他会十分赞赏，甚至会
chēngzàn jǐ jù , kě xiànzài zhèngzài gōngsī shàngbān , zhè shēn
称赞几句，可现在正在公司上班，这身
dǎban shízài yǒu wéi gōngsī yǒuguān yīzhuó de guīdìng . Yuēhàn
打扮实在有违公司有关衣着的规定。约翰
rènwéi zìjǐ yǒu zérèn gěi Lìli yí ge tíxǐng . Kě rúhé cáinéng
认为自己有责任给莉莉一个提醒。可如何才能

jì bú ràng Lìli wéinán ， yòu ràng tā zhīdào zài gōngsī rúcǐ
既不让莉莉为难，又让她知道在公司如此

chuānzhuó hěn bú shìhé ne ？ Yuēhàn yìbiān xiǎng yìbiān xiàng Lìli
穿 着很不适合呢？约翰一边 想一边向莉莉

zǒu qù .
走去。

今天我们公司有晚会？
Are we having a party today?

Yuēhàn： Jīntiān wǒmen gōngsī yǒu wǎnhuì?
约翰：今天 我们 公司 有 晚会?
John: Are we having a party today?

Lìli ： Méiyǒu ba ． zěnme le ？
莉莉：没有吧 。 怎么了?
Lily: No. What do you mean?

Yuēhàn： Nǐ jīntiān zhè shēn dǎban zhēn gòu piàoliang de ， wǒ hái yǐwéi
约翰：你今天这 身 打扮 真 够 漂 亮 的，我还以为
jīntiān gōngsī yǒu wǎnhuì nǐ cáihuì chuān de rúcǐ huāzhīzhāozhǎn ...
今天 公司 有 晚会 你才会 穿 得如此花 枝 招 展……
John: What a beautiful dress you are wearing! I thought you wore it for a special occasion! Look at the ....

Lìli : Duìbuqǐ ， wǒmíngtiān jiù huàndiào ...
莉莉：对不起，我明天就换掉……
Lily: Sorry! I will change it tomorrow.

The indirect comment worked! The next day, Lily wore a more appropriate dress to work.

John learned from Dajun that Chinese people don't directly point out faults of others, especially of their boss and ladies. In the Chinese culture, to tell a lady directly of her inappropriate dress is impolite and would embarrass her. John criticised Lily's unsuitable dress in a mild and humorous manner. This is considered a good etiquette. Well done!

Xiao Zhang came to work wearing a pair of fashionable shoes. Unfortunately, a rainstorm caught him in a nearby construction area. His shoes were all wet and muddy. It was late and Xiao Zhang didn't have time to clean up before he walked into the newly decorated office. Right at that time John came in.

这种暗示明显起了作用，第二天，莉莉立刻就穿了一身非常得体的正装来上班。

这一招约翰是从大军那儿学来的，中国人一般不喜欢直接指出别人的错误，尤其是对长辈、领导和女士。直接向女士指出她的穿着有问题，这会让女士尴尬。约翰采取幽默的方式，向莉莉委婉地说出了她今天的穿着不合适，这属于聪明之举。

干得漂亮！

业务员小张穿了一双时髦的鞋上班，可碰巧在公司附近的一片施工工地上遇到了一场暴雨，结果把全身淋得透湿，还弄得一脚是泥。由于马上要迟到了，小张还没有来得及把鞋子清理干净，就进了新装修好的办以室。这时约翰走了过来。

Yuēhàn: XiǎoZhāng, wàimiànháizàixià yǔ ma?
约翰: 小 张，外面还在下 雨吗?
John: Xiao Zhang, is it still raining?

XiǎoZhāng: Shì a, Háixià de hěn dà.
小 张 : 是啊，还下得很大。
Mr. Zhang: Yes, it is still raining pretty heavily.

Yuēhàn: Nánguàizàiwǒmen de ménkǒuyǒu yí chuàn měilì de jiǎoyìn.
约翰: 难 怪在我们的门 口有一 串 美丽 的脚印。
John: No wonder you left behind beautiful footprints.

XiǎoZhāng: Yō, duìbu qǐ! wǒ bǎ dìtǎn gěi nòngzāng le.
小 张 : 哟，对不起! 我把地毯给 弄 脏了。
Mr. Zhang: Oh, I am sorry. I dirtied the carpet.

Yuēhàn: Nǐ háishixiānbǎ nǐ de xié cā gānjìngzàishuō.
约翰: 你还是先把你的鞋擦干 净再 说。
John: You'd better first clean your shoes.

XiǎoZhāng: Duōxiè le!
小 张 : 多谢了!
Mr. Zhang: Thank you!

Yuēhàn: Bú kèqi.
约翰: 不客气。
John: You are welcome.

Cultural Tips 文化提示

Similar to other cultures, the Chinese do not like direct and explicit comments or criticism. They like to hint or suggest in a mild way. In a nutshell, Chinese goes beyond literal meaning. These expressions can be witty or humorous and ease the fierce wording. They are used to avoid embarrassment and awkward situations. Therefore, before you make comments next time, remember to think like a Chinese person. Giving appropriate comments at the right time, to the right person, in the right place is the key to your success in communicating with the Chinese.

In the first example, by praising Lily's beautiful dress, John implied it was inappropriate for a working environment. This way, John avoided being rude towards a female and Lily didn't feel embarrassed.

In the second example, John indirectly pointed out that Xiao Zhang dirtied the carpet. Had he done so directly, Xiao Zhang would have been embarrassed and upset since he might already feel bad about his ruined shoes.

Zhèngxiàng qítā wénhuà yíyàng, Zhōngguó rén yìbān
正像其他文化一样，中国人一般
chángyòng wěiwǎn de fāngshì gěi biérén tíshì, jiànyì, píngjià
常用委婉的方式给别人提示、建议、评价
hé pīpíng, yīnwèi duōshù rén bù xǐhuan tīng nàxiē zhíjiéliǎodàng
和批评，因为多数人不喜欢听那些直截了当
de yányǔ. Hànyǔ zhōng yǒu xǔduō biǎodá chúle biǎomiàn yìyì
的言语。汉语中有许多表达除了表面意义
yǐwài, hái cháng yǐnhán xǔduō "yánxiàzhīyì, huàzhōng zhī
以外，还常隐含许多"言下之意、话中之
huà, xiánwàizhīyīn". Zhèzhǒng biǎodá néng yǐ fēngqù yōumò lái
话、弦外之音"。这种表达能以风趣幽默来

huǎnhé jīliè de yáncí, bǐjiào shìyòngyú bìmiǎn ràng rén gāngà
缓和激烈的言辞，比较适用于避免让人尴尬
yǔ búkuài de chǎnghé. Zài gěi tārén tíshì, jiànyì, píngjià
与不快的场合。在给他人提示、建议、评价
hé pīpíng shí, yào duō chuǎimó yíxià Zhōngguó rén de mínzú
和批评时，要多揣摩一下中国人的民族
tèdiǎn, bìng zài héshì de shíjiān, duì héshì de rén, yòng
特点，并在合适的时间，对合适的人，用
héshì de biǎodá, shuōchū héshì de tíshì, jiànyì, píngjià
合适的表达，说出合适的提示、建议、评价
hé pīpíng.
和批评。

　　Jiù xiàng qiánmian dì-yī ge lìzi nàyàng, Yuēhàn yòng
　　就像前面第一个例子那样，约翰用
gōngwéi Lìli yīfu piàoliang de fāngshì, zhǐchū tā de yīzhuó zài
恭维莉莉衣服漂亮的方式，指出她的衣着在
gōngsī huánjìng zhōng de bú qiàdàng. Zhèyàng, jì bìmiǎnle duì
公司环境中的不恰当。这样，既避免了对
nǚxìng de cūlǔ zhī xián, yě bìmiǎnle Lìli shòudào pīpíng de
女性的粗鲁之嫌，也避免了莉莉受到批评的
gāngà.
尴尬。

　　Zài dì-èr ge lìzi zhōng, Yuēhàn yǐ fēicháng wěiwǎn de
　　在第二个例子中，约翰以非常委婉的
biǎoshù ràng Xiǎo Zhāng míngbai tā de shī xié nòngzāngle bàngōngshì de
表述让小张明白他的湿鞋弄脏了办公室的
dìtǎn. Rúguǒ Yuēhàn zhíjiē zhème duì Xiǎo Zhāng shuō, bùjǐn
地毯。如果约翰直接这么对小张说，不仅
huì shǐ Xiǎo Zhāng nánkān, érqiě hái fēicháng wěiqu, yīn Xiǎo Zhāng
会使小张难堪，而且还非常委屈，因小张
yěxǔ zhèng zài wèi zìjǐ nà shuāng línshīle de shímáo xié ér
也许正在为自己那双淋湿了的时髦鞋而
shāngxīn ne.
伤心呢。

Useful Expressions 实用表达法

Taking the Blame.

Zéguài zìjǐ :
责怪自己：

Although it seems weird to take the blame for other people's wrong doing, it is thought to be a good etiquette, which shows that you are well-educated.

Suīrán míngmíng shì biérén de guòcuò quèyào zéguài zìjǐ ,
虽然明明是别人的过错却要责怪自己，
zhètīng shàngqu yǒuxiē qíguài , dànzhè xiǎnde nǐ hěnyǒu xiūyǎng .
这听上去有些奇怪，但这显得你很有修养。

When your Chinese boss mispronounces English, saying pig for big, you might want to kindly remind him by saying:

Dāng nǐ de Zhōngguó lǎobǎn Yīngwén shuō de bú tài liúlì ,
当你的中国老板英文说得不太流利，
shènzhì bǎ big shuōchéng pig shí , nǐ yěxǔ kěyǐ kǎolù yòng
甚至把 big 说成 pig 时，你也许可以考虑用

xiàliè fāngshì lái tíxǐng tā :
下列方式来提醒他：

Example	When or how to use
Wǒ xiànzài de tīnglì shízài bùxíng le , lǎo 我现在的听力实在不行了，老 tīng bù qīngchǔ . Qǐngnínzàishuō yí biàn . 听不清楚。请您再说一遍。 My hearing is getting bad, I can't hear well. Could you say it again?	Míngmíng shì duìfāng de cuò , què yào 明明是对方的错，却要 zìjǐ zhǔdòng chéngdān 自己主动承担 You blame yourself for other people's faults.
Nín de Yīngyǔ yǐjīng hěn bú cuò le , dào 您的英语已经很不错了，倒 shì wǒ de Hànyǔ hái xūyà tígāo ne . 是我的汉语还需要提高呢。 Your English is pretty good, much better than my Chinese.	Zhǔdòng chéngdān duìfāng de cuòwù yě 主动承担对方的错误也 yǒu jìqiǎo , yǐ zéguài zìjǐ lái gǔlì 有技巧，以责怪自己来鼓励 duìfāng 对方 It is a technique to encourage other people by blaming oneself.

When your boss forgets an important meeting, you might want to kindly take the blame by saying:

Dāng nǐ de lǎobǎn wàngjìle yí ge hěn zhòngyào de huìyì
当你的老板忘记了一个很重要的会议
shí, nǐ kěyǐ yòng xiàliè fāngshì lái biǎodá:
时，你可以用下列方式来表达：

Example	When or how to use
Zhè shì wǒ de bú duì, yàoshi wǒ zǎo diǎn 这是我的不对，要是我早点 tíxǐng nǐ jiù hǎo le . 提醒你就好了。 It is my fault. It would be better if I remind you early.	Zhè shì zhíjiēliǎodàng dài duì fāng chéng-这是直接了当代对方 承 dāncuòwù 担错误 Taking over the fault directly
Zhè dōushì wǒ zuò de bù hǎo, xià cì wǒ 这都是我做得不好，下次我 yídìng zhùyì . 一定注意。 I didn't do my job well. I will do it better next time.	
Duì bu qǐ , wǒ wàngle tíxǐng nín ... 对不起，我忘了提醒您…… Sorry, I forget to remind you.	Zhè shǔyú bǎ duì fāng cuòwù de yuányīn 这属于把对方错误的原因 guī jiù yú zìjǐ de hūluè 归咎于自己的忽略 Blaming oneself for other's negligence

Just Saying the Opposite.

Shuō fǎnhuà :
说 反 话:

Saying just the opposite is another way to make comment without being offensive. Usually this type of comments is used between colleagues and friends with a sense of humor. Below are some situations in which you can apply this method.

Shuō fǎnhuà yě shì lìng yì zhǒng bìmiǎn zhíjiē pīpíng rén de hǎo
说 反 话 也 是 另 一 种 避 免 直 接 批 评 人 的 好

fāngfǎ. Tōngcháng zhè zhǒng fāngshì shìhé yòngyú tóngshì, péngyou
方 法。 通 常 这 种 方 式 适 合 用 于 同 事、 朋 友

zhī jiān, yě xūyào yìxiē yōumò gǎn. xiàmian zài lièjǔ yìxiē
之 间, 也 需 要 一 些 幽 默 感。 下 面 再 列 举 一 些

shuō fǎn huà de lìzi.
说 反 话 的 例 子。

When you feel your colleague's office is too messy, you might say the following:

Dāng nǐ zài zhǐchū nǐ tóngshì de bàngōng shì tài luàn shí, xià-
当 你 在 指 出 你 同 事 的 办 公 室 太 乱 时, 下

mian de jùzi kě gòng cānkǎo :
面 的 句 子 可 供 参 考:

Example	When or how to use
Nǐ hái zhēn yǒu diǎn dà lǎo bǎn de pàitóu, 你还真有点大老板的派头, lián zhè bàngōngshì de bùzhì dōu yǔzhòng- 连这办公室的布置都与众 bùtóng. 不同。 You really have the style of a big boss, your office looks different!	Dàiyǒu fěngcì yìwèi, yě néngyǒuxiào 带有讽刺意味,也能有效 de gěi tārén yì diǎnr tíxǐng 地给他人一点儿提醒 An ironic reminder
Nǐ de yèwù kě zhēnshìzuò dà le, kàn lái wǒ 你的业务可真是做大了,看来我 xūyào gēnlǐngdǎofǎnyìng yíxià, gěi nǐ huàn 需要跟领导反映一下,给你换 yì jiān dà bàngōngshì le. 一间大办公室了。 Your business is growing fast. I will advise the boss to assign you a bigger office.	Xíngróng bàngōngshì tài luàn le, 形容办公室太乱了, dōngxi duī de dàochù dōu shì 东西堆得到处都是 Implying the office is untidy with many things
Nǐ de bàngōngshì dōu kuài chéng nǐ de jiā 你的办公室都快成你的家 le, shénme dōu bù quē. 了,什么都不缺。 You've got everything in your office, it looks like your home.	Zhè yìbān shì zhǐ fēi gōngzuòxiāngguān 这一般是指非工作相关 de dōngxi tài duō le 的东西太多了 To be used when there are many non-work related items in the office

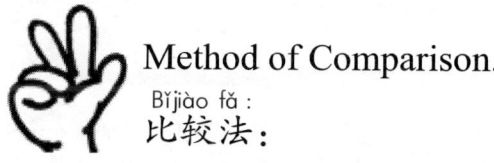

Method of Comparison.

Bǐjiào fǎ :
比较法：

Comparison is another way to make comment without being offensive. It is appropriate to be used to your boss， colleagues and subordinates.

Bǐjiào shì lìngwài yí ge píngjià tārén yòu bú zhìyú yīncǐ ér
比较是另外一个评价他人又不至于因此而

dézuì rén de hǎo fāngfǎ . Cǐ fǎ shìhé gèzhòng chǎnghé， bāokuò
得罪人的好方法。此法适合各种场合，包括

nǐ de shàngjí， tóngshì hé xiàjí zhījiān .
你的上级、同事和下级之间。

Example	When or how to use
Yuēhàn， nǐ kàn Zhōngguó rén guò 约翰，你看中国人过 rìzi duōzhīdào jié yuē a . 日子多知道节约啊。 John, you see, the Chinese save in every way they can.	Yánxià zhī yì jiùshì Yuēhàn bú tài zhùyì jié yuē 言下之意就是约翰不太注意节约 In other words, John as an American doesn't pay enough attention about saving money.

Xiǎoqiáng, gébì de Róngróng zhè
小强，隔壁的蓉蓉这
cì yòu kǎole quán niánjí dì-yī.
次又考了全年级第一。

Xiaoqiang, Rongrong scored the highest mark in your grade.

Róngróng hé Xiǎoqiáng jìshì línjū yòushì
蓉蓉和小强既是邻居又是
tóngxué. Jiāzhǎng zhème shuō yě suànshì gěi
同学。家长这么说也算是给
zìjǐ de háizi yí ge tíxǐng
自己的孩子一个提醒

Rongrong and Xiaoqiang are classmates and neighbors. The parent is reminding his own child to study harder.

Nǐ zuìjìn de biǎoxiàn zánmen xiān bù
你最近的表现咱们先不
shuō, wǒ zhǐshì tíxǐng nǐ, shàng
说，我只是提醒你，上
jìdù de xiāoshòu guànjūn yòu shì
季度的销售冠军又是
Xiǎo Wáng
小王。

Putting your quota aside, I just want to remind you that Xiao Wang was the sales champion again last quarter.

Yòng guànjūn Xiǎo Wáng de yèjì lái tíxǐng bùxià
用冠军小王的业绩来提醒部下
gāi nǔlì le
该努力了

The boss uses Xiao Wang's achievement to encourage other subordinates.

lǎogōng, tīngshuō nǐ de lǎotóng-
老公, 听说你的老同
xué yǐjīng shì tāmen gōngsī de fù
学已经是他们公司的副
zǒng le.
总了。

Darling, I heard your class-mate is the vice president of their company.

Lǎogōng yīnggāi míngbai qīzi zhè huà de yìsi
老公 应该 明白 妻子这 话的意思
shì ràng zìjǐ jǐnkuài nǔlì
是 让 自己尽快努力

The husband should understand his wife meant to encourage him.

When you want to express objection on your colleague's new hairstyle, you might say the following:

Xiǎng zhǐchū nǐ tóngshì de fàxíng shàng yǒu bù zú shí ，   nǐ
想 指出 你 同事 的 发型 尚 有 不 足 时， 你
yěxǔ   kěyǐ   zhèyàng shuō :
也许可以 这样 说 :

Example	When or how to use
Kànlái wǒ zhēnde shì luòwǔ le ， yǒu diǎn 看来我真的是落伍了， 有点 jiēshòu bù liǎo zhè ge yàngzi . 接受不了 这个样子。 I am old-fashioned, I can't accept this style.	Zhè jiùshì shuō duìfāng de yàngzi tài 这 就是 说 对方的 样子 太 tèshū ， yǔ chuántǒng yàngshì fǎn chā 特殊， 与 传 统 样式 反差 tài dà 太大 It means the hairstyle is much different from traditional style.
Ǹg ， hái bú cuò ， dàn hǎoxiàng bú tài 嗯， 还 不错， 但 好 像 不太 xiàng nǐ de yíguàn fēnggé . 像 你的一贯 风格。 Oh, not bad. But it doesn't look like your style.	wěiwǎn biǎodá chū " bù hǎo " de yì- 委 婉 表达出 " 不 好 " 的 意 si ， dàn yě méiyǒu wéixīn shuō hǎo 思， 但 也没有 违心 说 好 It expresses "not good" in a tactful way while not saying "good" against one's own will.

Wǒ háishi juéde nǐ yǐqián de fàxíng gèng 我还是觉得你以前的发型更 kě'ài /gèng shìhé nǐ de niánlíng. 可爱/更适合你的年龄。 I like your former style better. / Your former style suits you better.	Biǎoyáng yǐqián de, ànshì mùqián de 表扬以前的，暗示目前的 zhuàngkuàng bù hǎo 状况不好 To praise the previous one implies that the current one is not good.
Nǐ zhè ge fàxíng yě tài shímáo le ba! 你这个发型也太时髦了吧! Your hairstyle is too stylish!	Zhǐ duìfāng de fàxíng yàngzi tài tèshū, 指对方的发型样子太特殊， shífēn yǔzhòngbùtóng, bù fúhé chuán- 十分与众不同，不符合传 tǒng shìyàng 统式样 It means the hairstyle is very unique and is much different from traditional style.
Wǒ háishi xǐhuan nǐ yuánlái de fàxíng. 我还是喜欢你原来的发型。 I still like your previous style!	Kěndìng yuánlái de fàxíng, jiùshì bù 肯定原来的发型，就是不 jiēshòu xīn fàxíng 接受新发型 Affirming the old style repre- sents the rejection of the new one.

| Zhè ge xīn fàxíng xiǎn de nǐ hěn chéngshú .
这个新发型显得你很 成 熟。
You look mature with the new haircut! | " Chéngshú " zài zhèli zhēnzhèng dē
" 成 熟 " 在这里真 正 的
hányì shì   xīn fàxíng shǐ tā kàn qǐlai
含义是：新发型使她看起来
niánlǎo xǔduō
年老许多

The implied meaning of 成熟 here is the hairstyle makes her look older. |

5 你一个月挣多少钱?

Nǐ yí ge yuè zhèng duōshao qián?

What's Your Monthly Salary?

Gèrén shōurù de tǎolùn
各人收入的讨论

(Discussing private information)

像你在美国一个月可以挣多少?
What's your monthly salary in the U.S.?

John had a money-related conversation with Jingwen's parents at their home.

Yuēhàn céngjīng zài tā de nǚ péngyou Jìngwén jiā hé tā fùmǔ
约翰曾经在她的女朋友静文家和她父母

jìnxíng guò yí cì yǒuguān qián de jiāotán.
进行过一次有关 钱的交谈。

Jìngwén de māma: Wǒmen jiā tài hánchen, nǐ zài zhèr bù xíguàn ba?
静文的妈妈: 我们家太寒伧,你在这儿不习惯吧?
Jingwen's mother: We have a very simple place, I hope you do not mind. Are you OK with it?

Yuēhàn: Wèi shénme bù xíguàn?

约翰：为什么不习惯？

John：I am good.

Jìngwén de māma: Tā bà yǐqián zhèng de shǎo, gōngzī yí ge yuè cái

静文的妈妈：他爸以前挣得少，工资一个月才

bú dào liǎng qiān kuài, xiànzài Jìngwén zài wàizī qǐyè shàngbān hòu,

不到两千块，现在静文在外资企业上班后，

wǒmen jiā rìzi hǎo duō le. Duō kuī tā yǒu le zhème hǎo de gōng-

我们家日子好多了。多亏她有了这么好的工

zuò ...

作……

Jingwen's mother: Jingwen's father earned very little, less than 2,000 yuan a month. We are far better after Jingwen started to work in a foreign-invested enterprise. It's fortunate she has got such a good job.

Jìngwén: Mā, nǐ kěyǐ qù gěi Yuēhàn tiān diǎnr cháshuǐ ma?

静文：妈，你可以去给约翰添点儿茶水吗？

Jingwen: Mom, would you please get more tea for John?

Yuēhàn: Wǒ chábēi li háishi mǎn de, bú yòng tiān. Xièxie!

约翰：我茶杯里还是满的，不用添。谢谢！

John: I still have a full cup. Thank you.

Jìngwén de māma: Nǐmen Měiguó shēnghuó shuǐpíng gāo, jiājiā dōu

静文的妈妈：你们美国生活水平高，家家都

yǒu qìchē yángfáng, gōngzī yòu gāo ...

有汽车洋房，工资又高……

Jingwen's mother: You Americans have higher living standards. Every family has a car and a house. And high income ....

Yuēhàn: Měiguó de shuìshōu gāo, fángzi yě guì.

约翰：美国的税收高，房子也贵。

John: The income taxes are pretty high in the U.S. and

the houses are expensive too.

Jìngwén de māma: Xiàng nǐ zài Měiguó yí ge yuè kěyǐ zhèngduōshao?
静文的妈妈: 像 你在美国一个月可以 挣 多少?
Jingwen's mother: What's your monthly salary in the U.S.?

Yuēhàn: Wǒma?
约翰: 我吗?
John: Me?

Jìngwén: Mā, nǐ wènzhè gàn shénme ya!
静文: 妈,你问这干 什么呀!
Jingwen: Mom, how can you ask such a question?

Jìngwén de māma: Wǒ bú jiù shì suíbiàn wènwen, zhè yǒu shénme yào jǐn
静文的妈妈: 我不就是随便 问问,这有什么要紧
de, Yuēhàn, shìma?
的, 约翰, 是吗?
Jingwen's mother: It's just idle talk. You won't mind, will you, John?

Yuēhàn: Shì, shì.
约翰: 是,是。
John: No, no.

Jingwen's mother did not have prior experience talking with a foreigner. She was curious about Americans and asked all kinds of questions. She kept asking even though her daughter stopped her several times. Jingwen's father also had some questions and joined this money-related conversation.

Jìngwén de mǔqin yǐqián bù céng yǒu jīhuì zhíjiē hé wàiguó
静文的母亲以前不曾有机会直接和外国
rén jiāotán, zhè cì Yuēhàn de dào fǎng ràng tā yǒu jīhuì mǎnzú
人交谈, 这次约翰的到访让她有机会满足

tā duì Měiguó de hàoqí xīn, yīlián wèn le xǔduō wèntí, tā
她对美国的好奇心，一连问了许多问题，她

nǚér jǐ cì dōuméiyǒunéngdǎngzhù tā. Jìngwén de fùqin hěnkuài
女儿几次都没有能挡住她。静文的父亲很快

yě jiārùle zhège yǒuguān qián de tǎolùn huàtí.
也加入了这个有关钱的讨论话题。

Jìngwén de bàba : Wǒ tīngshuō Měiguó de qìchē hěn piányi, shì
静文的爸爸：我听说美国的汽车很便宜，是
ma? Yuēhàn, nǐ jiā yǒu jǐ liàng qìchē?
吗？约翰，你家有几辆汽车？

Jingwen's father: I heard cars are cheap in your country. John, how many cars do you have?

Yuēhàn : Yǒu sān liàng.
约翰：有三辆。

John: I have three cars.

Jìngwén de bàba : Wā, sānliàng! Nǐ yí ge rén zěnme yào sān liàng
静文的爸爸：哇，三辆！你一个人怎么要三辆
qìchē ya? Yí liàng qìchē yàoduōshaoqián?
汽车呀？一辆汽车要多少钱？

Jingwen's father: Wow, three! You have three cars for yourself? How much is one?

Yuēhàn : Shì liǎng liàng qìchē, yí liàng mótuō chē, dōu shì jiù de,
约翰：是两辆汽车，一辆摩托车，都是旧的，
hěn piányi.
很便宜。

John: I actually have two cars and one motorcycle. They are all second-hand, so they are not expensive.

Jìngwén de bàba : Nǐ yí ge yuè de gōngzī jiù néngmǎi yí liàng qìchē ba?
静文的爸爸：你一个月的工资就能买一辆汽车吧？

Jingwen's father: Can you buy a car with one month's salary?

Yuēhàn： Jiù de kěyǐ .
约翰：旧的可以。
John: For a second-hand car, probably.

Jìngwén de bàba： Yí liàng chē zhì shǎo yào liǎng wàn Měi jīn， jiù de jiù
静 文 的 爸爸：一 辆 车 至 少 要 两 万 美金，旧 的 就
suàn wǔ zhé yě yào yí wàn Měi jīn， wā， nà nǐ yí ge yuè zhì shǎo yào zhèng
算 五 折 也 要 一 万 美金，哇，那 你 一 个 月 至 少 要 挣
qī wàn Rénmínbì le ?
七 万 人民币 了?
Jingwen's father: A new car costs about $20,000, second-hand maybe half the price, $10,000. Wow, you can earn at least 70,000 yuan a month?

John was so surprised that Jingwen's father could figure out his monthly income just via the conversation about cars. He must be very smart with numbers. John also liked numbers very much and naturally followed Jingwen's father path.

Yuēhàn gǎndào hěn jīngyà ， Jìngwén de fùqin zhēnshì cōngmíng
约翰 感 到 很 惊讶， 静 文 的 父亲 真 是 聪 明
guòrén ， jìngrán néng tōngguò tāmen gāngcái yǒuguān qìchē de tǎolùn
过 人， 竟然 能 通 过 他们 刚 才 有 关 汽车 的 讨论
gūmo chū Yuēhàn de yuèshōurù . Yuēhàn duì shùzì yě hěn gǎnxìngqù ，
估 摸 出 约翰 的 月收入。约翰 对 数字 也 很 感 兴趣，

bù yóu de suízhe Jìngwén fùqin rào dàole nàxiē shùzì tuīlǐ zhōng .
不由地随着静文父亲绕到了那些数字推理中。

Yuēhàn : Wā, nín hǎo lìhai, búguò nín wàngle wǒmen de shuìshōu,
约翰：哇，您好厉害，不过您忘了我们的税收，
liánbāng shuì shì Bǎifēnzhīshíwǔ - sānshíwǔ, háiyǒu zhōu shuì, jiā
联邦税是１５％－３５％，还有州税，加
qǐlái chàbuduō shì gōngzī de sān fēn zhī yī, zhèyàng dào shǒu de
起来差不多是工资的三分之一，这样到手的
gōngzī jiù shǎole hěn duō .
工资就少了很多。

John: Wow, you are great with numbers but you forget we have income taxes. The federal tax is between 15%-35%, we also have state taxes; the total is about 1/3 of our income. So take-home pay is actually much less than what you thought.

Jìngwén de bàba : Nà nín lái Zhōngguó shì fǒu hái yǒu chū chāi bǔtiē
静文的爸爸：那您来中国是否还有出差补贴
shénme de ?
什么的?

Jingwen's father: Do you have allowance for working overseas in China?

Yuēhàn : Zhè jiùshì wǒ lái Zhōngguó de yí ge zhòngyào yuányīn .
约翰：这就是我来中国的一个重要原因。

John: This is one of the important reasons for me to come to China.

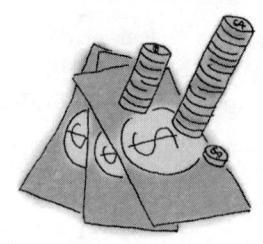

John finally experienced a money-related discussion in a very typical Chinese way with an unfamiliar person. He was very satisfied and felt like he was getting closer to becoming a real Chinese.

Yuēhàn háishi dì-yī cì hé Zhōngguó rén rúcǐ wú jūshù de
约翰还是第一次和中国人如此无拘束地

tánlùn qián， tā gǎndào zìjǐ yǐrán hěnyǒuZhōngguówèi dào le .
谈论钱，他感到自己已然很有中国味道了。

Cultural Tips 文化提示

Money is definitely an interesting and sensitive topic for most people，but the way to talk about it is different between the Chinese and Westerners. As we know a person's income is the privacy that should be avoided talking between friends and colleagues in the West.

Money is an unavoidable topic in China. Traditionally, there is no privacy among intimate ones, if you tries to dodge a reply on income, it implies you are keeping a distance from others, and make them upset. This opinion is still popular with people aged 50 and up.

Under the Western influences, young people have become reluctant to reveal their income. However money is a very interesting topic and talking about money can be of great help in building relationships when handled correctly.

钱 对绝大多数的人都是个有意思而敏感的话题，但关于钱的话题在中西文化中表现不同。在西方，收入是个私人话题，一般的朋友和同事之间是避免涉及的。

而在中国钱是一个很难回避的话题。传统上说，能问你收入情况实际是把你当成了自己人。如果你一个劲儿地回避回答，则会引起对方的不快，对方也会把你当成外人。这种想法现在还普遍存在，尤其是对50岁以上的人更是如此。

尽管现在受到西方的影响，在年轻人中间也开始回避直接谈论别人的工资，但这还是一个十分吸引中国人的话题。适当学会把握这个话题，对处理好人际关系有很大帮助。

Useful Expressions 实用表达法

Since the topic of money can't be avoided, it might be a good idea to prepare some useful answers for the following questions, which are often asked.

Yóuyú zài Zhōngguóyǒuguānqián de huàtí yǒushí hěnnán huíbì,
由于在中国有关钱的话题有时很难回避,
yīncǐ yǒu bìyào zhǔnbèihǎo yìxiē yǒuyòng de huídá yǐ yìngjí.
因此有必要准备好一些有用的回答以应急。

Common Questions and Answers Regarding Income:

Xiàmian shì yìxiē hěn kěnéng pèngdào de guānyú gōngzī de
下面是一些很可能碰到的关于工资的
wènhuà, huídá kě zuò yǐ xià xuǎnzé:
问话,回答可做以下选择:

Question	When or how to use	Answer
Nǐ gōngsī gěi nǐ 你公司给你 de gōngzī zěnme 的工资怎么 yàng? 样? How is your company's pay?	Kě cǎiqǔ móhu de fāngshì 可采取模糊的方式 huídá 回答 Give a vague reply	Yěcòuhe la, gāobudào nǎr qù, 也凑合啦,高不到哪儿去, qíshí Měiguó gōngzī bìng bù gāo, 其实美国工资并不高, shuìshōu gāo, wùjià yě gāo. 税收高,物价也高。 It's OK, not very high. Actually what comes to your hand after taxes is low, and the price in the U.S. is high.

Nǐ zài Měiguó de 你 在 美 国 的 gōngzī yǒu duō- 工 资 有 多 shao? 少？ How much do you make in the States?	Rènzhēn tánlùn 认 真 谈论 Discuss with real figures	Wǒmen zhōu de zuì dī gōngzī shì 我 们 州 的 最低工 资是 měixiǎoshí bā Měiyuán， yìbān 每 小时 8 美元， 一 般 yí ge chéngxùyuán yí ge yuè yǒu 一个 程 序 员 一个 月 有 sìqiān -wǔqiān Měiyuán. 4000-5000 美元。 The minimum wage in my state is \$8 per hour. Usually an entry level software programmer makes \$4000-5000 a month.
	Biǎoshì hěn bù mǎnyì 表 示很 不满意 Show disatifaction	Yìtāhútú ， dōu bú gòu wǒ 一 塌 糊涂， 都 不 够 我 wéichí jīběn de shēnghuó， wǒ 维持基本 的 生 活， 我 shènzhì yǒu xiǎng huàn gōng zuò de 甚至 有 想 换 工 作的 yìsi . 意思。 Terrible! I can barely make ends meet. I'm considering changing a job.

	Jīběn rèn kě duì fāng shuō chū 基本认可对方说出 de nà ge shùzì 的那个数字 Agree on the amount range	Chàbuduō jiù zhè ge shù ba. 差不多就这个数吧。 Yes, something like that.
Nǐ yí ge yuè yě 你一个月也 yǒu wǔqiān kuài 有 5000 块 Rénmínbì ba? 人民币吧? You can earn at least 5000 yuan a month, right?	Yuànyì dehuà yě bù fáng shuō 愿意的话也不妨说 ge zhǔn shù, ràng duìfāng 个准数, 让对方 gāoxìng yíxià 高兴一下 Give exact number if you are willing to do so. The one who asks will be happy and you won't lose anything.	Nǐ shuō de hái zhēn zhǔn. 你说得还真准。 You are a pretty good guesser.
	Yě kěyǐ jǐyǔ jījí de 也可以给予积极的 huídá 回答 Show satisfaction	Shì de, wǒ tǐng mǎnyì mùqián 是的, 我挺满意目前 de gōngzī. 的工资。 Yes, I'm satisfied with the current pay.

Questions Related to Compensation.

Xià mian shì yìxiē yǔ gèrén shōurùxiāngguān de wèn dá xíngshì，
下面是一些与个人收入相关的问答形式，

kě gòng cānkǎo：
可供参考：

Question	Answer
Nǐ zuìjìn zhǎng xīn shuǐle méi- yǒu? 你最近涨薪水了没有? Have you had a raise recently?	Nǎ ái de shàngwǒ a！哪挨得上我啊! I never got the chance.
	Wǒmengāngzhǎng le xīn shuǐ，wǒ hái bǐjiào mǎnyì。我们刚涨了薪水，我还比较满意。 Yes, we have just had a raise, I am quite satisfied.
Nà nǐmen dānwèi de jiǎngjīn 那你们单位的奖金 yǒu duōshao? 有多少? How much bonus does your company pay?	Wǒmen dānwèi méi jiǎngjīn。我们单位没奖金。 We don't have bonus.
	Měi ge yuè chàbuduō yǒu jǐ bǎiyuán ba。每个月差不多有几百元吧。 A few hundred yuan per month.
Nǐmen gōngsī de fúlì zěnyàng? 你们公司的福利怎样? Does your company provide good welfare?	Hái kěyǐ，wǒ hái shi bǐjiào mǎnyì de。还可以，我还是比较满意的。 Not bad, I am satisfied.
	Yě jiù yì bānbān la，kěyǐ hūluè bú jì。也就一般般啦，可以忽略不计。 Not much, it could be ignored.

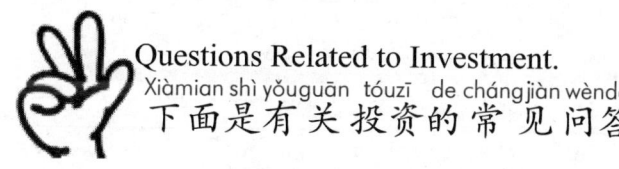

Questions Related to Investment.
Xiàmian shì yǒuguān tóuzī de chángjiàn wèndá xíngshì：
下面是有关投资的常见问答形式：

Question	Answer
Nǐ tóuzī gǔpiàoma? 你投资股票吗？ Do you buy stock?	Wǒ cóng bù mǎigǔpiào, méinà nǎozi yě péi bu qǐ. 我从不买股票，没那脑子，也赔不起。 I don't buy stock. I have no talent to play and no money to lose.
	Wǒméinà dǎnzi, zhǐshìmǎidiǎn jījīn, xiǎo dǎ xiǎonào. 我没那胆子，只是买点基金，小打小闹。 I don't have the guts. I only buy little bit mutual fund.
	Shāowēimǎi yì diǎnr la, yě jiùshì méishì wánwanr. 稍微买一点儿啦，也就是没事玩玩儿。 I buy a little, just for fun.
Nǐ zuìjìn de gǔpiào 你最近的股票 zěnme yàng? zhèng 怎么样？ 挣 qián leme？ 钱了吗？ How about your stocks? Made money?	Bié tí la, péicǎn le, yǐhòu zài yě bú pènggǔpiào le. 别提啦，赔惨了，以后再也不碰股票了。 Don't mention it. I lost a lot. I won't touch stock any more.
	Péipéi zhuànzhuàn, xiāomó shí jiānbei. 赔赔 赚赚， 消磨时间呗。 Some lose, some gain, just to kill time.
	Qùniánzhèng de háixíng, kě jīn niánpéi jìnqu bù shǎo. 去年挣得还行，可今年赔进去不少。 Last year was not bad, but I lost quite a lot this year.

Nǐ zài Zhōngguó tóu- 你 在 中 国 投 zī fángchǎnlema? 资 房 产 了 吗? Have you bought a house in China?	Hái méiyǒu mǎi, fáng jià shízài tài guì le, mǎi bu qǐ. 还 没有 买, 房价 实在 太贵 了, 买 不 起。 Not yet. The price is too high and I cannot afford it.
	Xiǎng mǎi, nǐ néng tígòng diǎn xìnxī ma? 想 买, 你 能 提供 点 信息 吗? I'm thinking of buying one. Could you provide some information?
	Mǎile yí tào xiǎo hù xíng de hái bú cuò. 买了 一套 小 户型 的, 还 不错。 I've bought a small unit. It's nice.

6

Zuò běi cháo nán
坐北朝南
Sitting in the North and Facing South

Yīnyáng yǔ fēngshuǐ de jiǎngjiū
阴阳与风水的讲究

(Yin yang and feng shui)

John planned to invite his Chinese boss over for dinner on Thanksgiving and made a very detailed plan for the evening. Since this is a traditional American holiday, besides his boss Zhang, Zhang's secretary Lily, he also invited his friend Mark and Tony, both American. He reserved a VIP room in a fine Chinese restaurant. He also ordered a baked turkey for the special occasion.

He and his friends came a bit early and sat in the room waiting at the round table. After a while, Lily and Mr. Zhang came. After exchanging handshakes and introducing each other, they prepared to sit down.

Yuēhàn wéi Gǎn'ēn Jié yāoqǐng tā de Zhōngguó lǎobǎn zuòle
约翰为感恩节邀请他的中国老板做了

xiángjìn de jìhuà， bìng ānpáile yí dùn fēngshèng de wǎncān.
详尽的计划，并安排了一顿丰盛的晚餐。

Yīnwèi zhè shì gè Měiguó chuántǒng de jiérì， tā bùjǐn yāoqǐng
因为这是个美国传统的节日，他不仅邀请

le Zhāng zǒngjīnglǐ hé Lìli， hái jiàole tā de péngyou Mǎkè
了张总经理和莉莉，还叫了他的朋友马克

hé Tuōní yìqǐ lái péitóng zhùxìng. Tā zài yì jiā hěn gāodàng de
和托尼一起来陪同助兴。他在一家很高档的

cāntīng li dìngle ge bāojiān， bìng tèyì dìngle yì zhī kǎo huǒjī.
餐厅里订了个包间，并特意订了一只烤火鸡。

Tā hé tā de péngyou hén zǎo jiù láidào cāntīng li， wéi zhe
他和他的朋友很早就来到餐厅里，围着

zhuōzi zuòxià děnghòu. Bù yíhuìr， Lìli hé Zhāng zǒngjīnglǐ
桌子坐下等候。不一会儿，莉莉和张总经理

yě lái le. Wòshǒuhánxuān gèzì jièshào wánbì hòu， dàjiā zhǔn-
也来了。握手寒暄各自介绍完毕后，大家准

bèi zuòxià jiù cān.
备坐下就餐。

Yuēhàn： Dàjiā qǐng zuò， suíbiàn zuò.
约翰：大家请坐，随便坐。
John: Everyone please sits down. Feel free to sit where you wish.

托尼：Nàwǒmen jiù zuò zài yuánlái de wèizhì shàng le.

那我们就坐在原来的位置上了。

Tony：We'll just sit where we were before.

约翰：Zhāngzǒngjīnglǐ nǐ jiù zuò zhèr ba, zhèr kàojìn mén.

约翰：张 总经理你就坐这儿吧，这儿靠近 门。

John：Mr. Zhang, would you sit here close to the door?

莉莉：Ò, zhèr fúwùyuán yào lái huí duān cài háishi wǒ zuò zhèr.

莉莉：哦，这儿服务员要来回端 菜，还是我 坐 这儿。

Lily: Hmm, the waitress will come by here all the time to serve, let me sit here.

约翰：Nà hǎo ba, Zhāng zǒngjīnglǐ jiù zuò nǐ pángbiān, wǒ zuò zhèr Jǐn'āizhe Zhāngzǒngjīnglǐ

约翰：那好吧，张 总经理就坐你 旁 边，我坐 这儿（紧挨着 张 总经理）。

John: OK, then Mr. Zhang will sit next to you; I'll sit on the other side of Mr. Zhang.

莉莉：Bù héshì ba?

莉莉：不合适吧?

Lily: Is it appropriate?

张 总经理：Méiguānxi, rùxiāng- suísú ma.

张 总经理：没关系，入 乡随俗嘛。

Mr. Zhang：Never mind, do as the host wishes.

They were chatting while having the dinner in a friendly atmosphere. Mr. Zhang and Lily learned a lot about Thanksgiving Day. They also told John and his friends much about Chinese festivals. And Lily even gave John a special lesson on Chinese dining etiquette.

dàjiā biān chī wǎncān biān liáotiān qìfēn róngqià ér yǒuhǎo
大家边吃晚餐边聊天，气氛融洽而友好。

zhè qījiān zhāng jīnglǐ hé lìlì zhīdàole bù shǎo yǒuguān Gǎn'ēn Jié
这期间张经理和莉莉知道了不少有关感恩节

de zhīshi tóngshí tāmen yě gěi Yuēhàn hé tā de péngyou jiǎng
的知识。同时，他们也给约翰和他的朋友讲

le bù shǎo yǒuguān zhōngguó jiérì de zhīshi lìlì hái tèyì gěi
了不少有关中国节日的知识。莉莉还特意给

Yuēhàn shàngle yì jié guānyú zài Zhōngguó cānzhuō shàng de lǐyí kè
约翰上了一节关于在中国餐桌上的礼仪课。

Lìlì : Yuēhàn, nǐ zhīdào jīntiān wǒmen zhè dùn fàn yǒu shénme bù
莉莉：约翰，你知道今天我们这顿饭有什么不
tuǒ de dìfāng ma
妥的地方吗？

Lily: John, there's a little problem with your arrangement today.

Yuēhàn : Bù zhīdào Zěnme le ? wǒmen chī dé hěnhǎo a
约翰：不知道，怎么了？我们吃得很好啊。
John: Really? What's wrong? I think it is fine.

Lìlì : Zhè yě bú guài nǐ shì wǒ tài cūxīn le , wǒ yīnggāi zài chī
莉莉：这也不怪你，是我太粗心了，我应该在吃
fànqián hé nǐ shuō yíxià jiù hǎo le .
饭前和你说一下就好了。

Lily: It's not your fault. I should have told you before the dinner.

Yuēhàn : Shuō shénme?
约翰：说什么？
John: What's that?

Lìlì : Wǒmen ràng Zhāngzǒng zuò cuòle wèizhì bei .
莉莉：我们让张总坐错了位置呗。
Lily: Mr. Zhang was sitting in the wrong seat.

Yuēhàn： Zěnme zuò cuò le ?
约翰：怎么坐错了？
John: What?

Lìli ： Àn Zhōngguó rén de lǐjié ， jīntiān wǒmen de zuòwèi ānpái
莉莉：按中国人的礼节，今天我们的座位安排
de bù hǎo .
得不好。
Lily: The seating order is not arranged well according to
the Chinese custom.

Yuēhàn： Zěnme bù hǎo?
约翰：怎么不好？
John: How come?

Lìli ： Nǐ tīngshuōguo zuò běi cháonán zhè ge cí ma ?
莉莉：你听说过坐北朝南这个词吗？
Lily: Have you heard the saying "sitting in the north and
facing south?"

Yuēhàn： Méiyǒu .
约翰：没有。
John: No, I haven't.

Lìli ： Nà jiù guài bu de nǐ le . Zhōngguó de tóur yìbān yīngzuò
莉莉：那就怪不得你了。中国的头儿一般应坐
zàizuòběicháonán de wèizhì ， fǒuzé nà jiù duì tā bù lǐmào le .
在坐北朝南的位置，否则那就对他不礼貌了。
Lily: You are not to blame for this. It's our tradition that
people in higher position sit in the north and face south. It's
quite rude to make it wrong.

Yuēhàn： Ò， kànlái wǒ de zhǔnbèi gōngzuòzuò de hái bú gòu
约翰：哦，看来我的准备工作做得还不够！
John: Oh, I should have done more homework.

莉莉: Xìngkuī nǐ shì wàiguó rén, fǒuzé nǐ hái néngfǒu zài zhège
莉莉：幸亏你是外国人，否则你还 能 否在这个
gōngsī li shàng bāndōu huì yǒu wèntí le!
公司里上 班都会有问题了!
Lily: Fortunately, you're a foreigner. Otherwise, you'd probably get fired.

Yuēhàn: Á?
约翰：啊?
John: Really?

Lìli : Dāngrán zhè zhǐ shì yí ge wánxiào
莉莉：当 然 这只是一个玩笑。
Lily: Just kidding.

Cultural Tips 文化提示

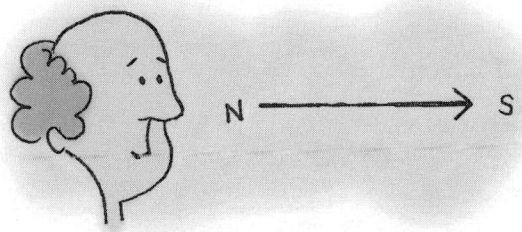

Feng shui is an ancient Chinese system of practice that was impacted by Confucianism, Taoism, Buddhism, and other philosophical traditions. It is a cultural phenomenon and custom derived from centuries of observations of nature and experiences of life. The definition of feng shui in *the Contemporary Chinese Dictionary* states:

"Feng shui is about the geographic study of house base or cemetery, such as geographic position, direction of the mountain or river. Superstitious people believe that feng shui will affect the ups and downs of their family and children." It actually helped the Chinese to evaluate the condition of landform, geology, hydrology, sun, wind direction, atmosphere and etc., when choosing a location for the construction of a building. The evaluation results could help people to choose the right design to avoid hazards and get good luck. In ancient China, almost all the villages, towns, as well as the palaces, temples, and houses were built based on rules of feng shui.

The Chinese believe feng shui phenomenon can affect people's living status. Proper feng shui will lead to the ideal state of man being an integral part of nature. Therefore, feng shui plays an important role in Chinese daily life. How to evaluate and solve problems with feng shui is one of the special aspects of Chinese thought. Having a basic knowledge of feng shui will help understand the Chinese way of conduct better. In the above example, the seating order at the table, mentioned by Lily, is an application of feng shui.

"Sitting in the north and facing south" is compatible with scientific principles. China is located in the north of the equator, in the east of Eurasia. Sunlight comes from the south all year long. Houses facing the south can not only obtain most of the sunshine, but also avoid the north wind. Thus, such arrangement has prevailed on most occasions.

Though it came from an ancient system of learning, feng shui is still broadly applied in modern China. Not only individuals and families believe in the importance of feng shui, many companies, shops and enterprises also incorporate feng shui practice. To know something about feng shui will enable you to better communicate with Chinese people.

Fēngshuǐ lǐlùn shì Zhōngguó rén chángqī duì zìrán de
风水理论是中国人长期对自然的

xìzhì guānchá jí shíjì shēnghuó de tǐyàn, bìng shòudào rú,
细致观察及实际生活的体验，并受到儒、

dào, shì děng zhūjiā xuépài zhéxué hé měixué sīxiǎng de yǐngxiǎng
道、释等诸家学派哲学和美学思想的影响

ér xíngchéng de yì zhǒng yánxí zhìjīn de wénhuà xiànxiàng hé
而形成的一种沿袭至今的文化现象和

fēngsúxíguàn, shì wǒguó chuántǒng wénhuà de chǎnwù. Gēnjù
风俗习惯，是我国传统文化的产物。根据

xiàn dài hàn yǔ cí diǎn de jiěshì: "fēngshuǐ zhǐ zhùzhái jīdì,
《现代汉语词典》的解释："风水指住宅基地、

féndì děng de dìlǐ xíngshì, rú dìmài, shānshuǐ de fāngxiàng
坟地等的地理形势，如地脉、山水的方向

děng. Míxìn de rén rènwéi fēngshuǐ hǎo huài kěyǐ yǐngxiǎng qí
等。迷信的人认为风水好坏可以影响其

jiāzú, zǐsūn de shèngshuāi jíxiōng." Tā de shízhì shì zài
家族、子孙的盛衰吉凶。"它的实质是在

帮助中国人在选择建筑物等的地址时，对其地形、地质、土壤、水文、日照、风向、气候、气象、景观等一系列自然地理环境应做出或优或劣的评价和选择，以及所需要采取的相应规划设计的措施，从而达到趋吉避凶纳福的目的，创造适于长期居住的良好环境。中国古代几乎所有的村落、城市都是按照风水原理规划建设的，绝大多数的宫殿、官府、寺庙、民居也都是如此。

中国人认为不同的风水会对人们生存状况产生不同结果；风水运用得当，能赢得天时地利与人和，达到天人合一的至善境界。可见，风水对中国人的日常生活有深刻影响。用风水观念思考问题解决问题，是中国人思维方式的一大特色。

掌握风水基本常识，对理解中国人的许多所做所想有很大帮助。上文中，莉莉提

dào de zài chī fàn zhuōshàng yìng zhùyì de wèizhì shùnxù jiùshì fēng-
到的在吃饭桌上应注意的位置顺序就是风

shuǐ zhīshi zài Zhōngguó rén shēnghuózhōng de yùnyòng.
水知识在中国人生活中的运用。

"Zuòběicháonán" de shuōfǎ shì fúhé kēxué dàolǐ de:
"坐北朝南"的说法是符合科学道理的:

Zhōngguó chǔyú dìqiú běi bàn qiú, ōu yà dà lù dōng bù, wèiyú
中国处于地球北半球、欧亚大陆东部,位于

chìdào yǐběi, yì nián sì jì de yángguāng dōuyóu nánfāng shèrù,
赤道以北,一年四季的阳光都由南方射入,

cháo nán de fángwū biànyú huòqǔ chōngzú de yángguāng. Érqiě
朝南的房屋便于获取充足的阳光。而且

zuòběicháonán de fángzi yīnwèi mén hé chuānghù cháonán kěyǐ zài
坐北朝南的房子因为门和窗户朝南可以在

dōngjì duǒbì hánlěng de běifēng.
冬季躲避寒冷的北风。

Fēngshuǐ suīrán shì fēicháng gǔlǎo de xuéwèn, kěshì zài
风水虽然是非常古老的学问,可是在

jīntiān yīrán yǒu fēicháng shēnhòu ér guǎngfàn de mínjiān jīchǔ,
今天依然有非常深厚而广泛的民间基础,

bùjǐn xǔduō gèrén hé jiātíng hěn jiǎngjiū fēngshuǐ, xǔduō gōngsī,
不仅许多个人和家庭很讲究风水,许多公司、

shāngdiàn, qǐyè yě fēicháng zhùzhòng fēngshuǐ. zhǎngwò yìxiē
商店、企业也非常注重风水。掌握一些

yǒuguān fēngshuǐ de jīběn zhīshi, yě huì tígāo nǐ hé Zhōngguó
有关风水的基本知识,也会提高你和中国

bǎixìng dǎ jiāodao de nénglì.
百姓打交道的能力。

Useful Expressions 实用表达法

Seating arrangement can affect the outcome of a

business banquet regardless of the quality of the food. Besides the rules of feng shui when arranging the seats, here are some commonly used expressions:

Wúlùn yànhuì de càiyáo rúhé , zuòwèi ānpái shìfǒu détǐ
无论宴会的菜肴如何，座位安排是否得体

jiù zúyǐ yǐngxiǎng zhěngtǐ xiàoguǒ , shènzhì hái huì yǐngxiǎng tánpàn
就足以影响整体效果，甚至还会影响谈判

jiéguǒ 。 Yào zuò hǎo zhè diǎn , xūyào jìzhù yìxiē jīběn yuánzé ,
结果。要做好这点，需要记住一些基本原则，

hái yàozhǎngwò yìxiē chángyòng biǎodá .
还要掌握一些常用表达。

Phrases Related to Seating.
Zuòwèi páiliè zhōng de xiāngguān yòngyǔ :
座位排列中的相关用语：

Expression	When or how to use	Example
Zuòběicháonán 坐北朝南 Sitting in the northern seat that faces south	Chuántǒng shàng zhè ge zuòwèi yīng 传统上这个座位应 liú gěi zuì nián zhǎng , dìwèi zuì 留给最年长、地位最 gāo , quánlì zuì dà de rén zuò 高、权力最大的人坐 Traditionally this seat is reserved for the eldest, or people with highest position.	Zhāng mìshū , qǐng jìzhù 张秘书，请记住 bǎ Lǐ zǒng ān pái zài zuò běi 把李总安排在坐北 cháonán de wèi zhì 。 朝南的位置。 Secretary Zhang, please remember to put President Li in the northern seat that faces south.

Shàngzuò 上 座 Upper seat	Jí zuò běi cháo nán de zuòwèi。rú 即坐北 朝 南的座位。如 wú fǎ pàn duàn fāng xiàng yě zhǐ 无法判 断 方 向，也指 fáng jiān zhōng miàn xiàng ménkǒu 房间 中 面 向 门口 de zūnguì zuòwèi 的尊贵 座位 The most prestigious seat is the one in the north facing south, or the one facing the entrance when directions are hard to tell.	Zhāngchùzhǎng，qǐngshàng- 张 处 长，请 上 zuò. 座。 Mr. Zhang, please take the upper seat.
Shàngbīn zhǔbīn 上 宾 / 主宾 The guest who sits in the upper seat	"Shàng" zhǐ běi，"bīn" shì "上 "指北，"宾" 是 kè。Shàngbīn shì zhǐ zuò zài zhòng- 客。上 宾是指坐在 重 yàowèi zhì shàng de kè rén huò rénwù 要位置 上 的客人或人物 上 means up or north; 宾 means guest. 上 宾 is the person who is arranged to sit in the upper seat.	Lǐ júzhǎng， nín shì shàng- 李局长，您是上 bīn，qǐng zhàn zhōngjiān. 宾，请 站 中 间。 Mr. Li，you are the honored guest, please stand in the middle. Xiànzài qǐng wǒmen de zhǔ bīn 现在请我们的主宾 jiǎnghuà. 讲 话。 Our honored guest will give a speech now.

Xiàzuò 下座 Lower seat	Jí miàn xiàng běi, huò bèi duìzhe 即面向北，或背对着 dàmén de zuòwèi, duōbàn shì gěi 大门的座位，多半是给 bù dānrèn zhòngyào juésè de rén 不担任重要角色的人 zuò 坐 The seat that faces north or stands against the door, normally reserved for the least important guest.	Wǒ jīntiān zhǐshì lái páng- 我今天只是来旁 guān, zuò zhè xiàzuò jiù 观，坐这下座就 chéng. 成。 I am only here to listen. The lower seat will be fine for me.

Phrases Related to Building and Home:

Wéirào zhùzhái, jiājū de xiāngguān yòngyǔ :
围绕住宅、家居的相关用语：

Expression	When or how to use	Example
Fēngshuǐhǎo 风水好 Good feng shui	fángzi zuòluò de wèizhì hé 房子坐落的位置和 huánjìng hǎo shí chángyòng de 环境好时常用的 kuājiǎng yǔ 夸奖语 A common praise on location of a house and its surroundings.	Zhè tào fángzi kàn shàngqu 这套房子看上去 fēngshuǐ bú cuò. 风水不错。 This unit has good feng shui.

Bèishānmiànshuǐ
背山 面水

With the moun-
tain in the back
and the water
in front

Bèi shān dōngtiān kěyǐ dǐdǎng
背山 冬天可以抵挡
láizì běibiān de hánfēng, xià-
来自北边的寒风，夏
tiān yíngjiē nán lái de liángfēng;
天迎接南来的凉风；
miànshuǐ zé kōngqì shīrùn, yǒu
面水则空气湿润，有
měilì de jǐngguān. Shān zài
美丽的景观。山在
hòumian ràng rén yǒu ānquán
后面让人有安全
gǎn, yīkào gǎn
感、依靠感

The mountain in the back
can block the north wind
in winter and allow the
cool air in from south in
summer. People may feel
a sense of security with
the mountain in the back.
Water in front provides
moist air and nice scenery.

Zhè zuò chéngshì bèi shān miàn
这座城市背山面
shuǐ, fēngshuǐ tài hǎo le!
水，风水太好了!

This city has very
good feng shui, sitting
against the mountain
and facing the water.

100

fēngshuǐ 风 水 bǎodì 宝地 A treasure land	fànzhǐ dìlǐ wèizhìhǎo，jiāotōng 泛指地理位置好、交 通 biànlì， huánjìng yōuměi， 便 利、 环 境 优 美、 shēnghuófāngbiàn， shāngyèfán 生 活 方 便、商 业 繁 róng， jūzhù shūshì de dìfāng 荣、居 住 舒 适 的 地 方 It is used to praise the location with convenient communication, good environment, and prosperous businesses.	Běijīng de Wángfǔjǐng shì kuài 北京 的 王 府 井 是 块 fēngshuǐ bǎodì. 风 水 宝 地。 Wangfujing Street is a real treasure land in Beijing.
Yīn 阴 Yin	Bèi duì tàiyáng de dìfāng， huì 背 对 太 阳 的 地 方，会 gěirén xiāojí， yīnlěng， sàngqì 给人 消极、 阴冷、 丧 气 de gǎnjué 的 感 觉 Shady place, meaning negative, cold.	Nǐ de bàngōngzhuōzuìhǎo bú 你 的 办 公 桌 最 好 不 yào fàngzài zhèr， zhèr tài 要 放 在 这儿，这儿 太 yīnqì. 阴气。 It is better not to put the desk here since the light is not good.

Yáng 阳 Yang	Miàn xiàng tàiyáng de dìfāng 面 向 太阳 的 地方 huì gěi rén jījí xiàng shàng, 会 给 人 积极 向 上、 rèqíng, shēng jībóbó de gǎn jué 热情、生机勃勃的感觉 Place facing the sun, meaning positive, warm and vigorous.	Zhè jiān bàngōng shì cháo nán, 这间办公室朝南, yáng qì hěn zú. 阳气很足。 The office faces south and has plenty of sunlight.
Yǒuhuā yǒucǎo 有花有草 With flowers and grass	Huā cǎo shì shēngmìnglì de xiàng 花草是生命力的象 zhēng, lǜ huà hǎo, huán jìng 征,绿化好、环境 yōuměi de dìfāng zìrán kōngqì 优美的地方自然空气 qīngxīn, fēngshuǐ hǎo 清新,风水好 Flowers and grass are symbol of vitality. This phrase signifies good environment, clean air, and good feng shui of the location.	Nǐ zhèr shìwàiyǒucǎo, shì 你这儿室外有草,室 nèiyǒuhuā, shēngmìnglìhěn 内有花,生命力很 shìwàngshèng a! 是 旺 盛 啊! Outside there is grass, and inside are some flowers. It is a very lively place.

Tōngfēng tòuqì 通风 / 透气 With good ventilation	Zài fáng jiān, jiànzhù zhī jiān yǒu 在房间、建筑之间有 tōngfēng de guòdào, shì yì 通风的过道，是一 zhǒng hǎo de fēngshuǐ biǎoxiàn 种好的风水表现 Ventilation in hallways, rooms or buildings represents good feng shui.	Zhè fángzi bú cuò, tōngfēng 这房子不错，通风 hěn hǎo. 很好。 This house has good ventilation, it feels good.
		Chuáng fàng zài zhèli tǐng 床放在这里挺 hǎo, hěn tòuqì. 好，很透气。 It is good to put the bed here as it is airy.
Biēqì 憋气 Stuffy obstruction	Yǔ tōngfēng, tòuqì xiāng fǎn, 与通风、透气相反， dàiyǒu biǎnyì 带有贬义 The opposite of 通风，透气, with negative meaning.	Nǐ de bàngōngzhuō fàng zài 你的办公桌放在 zhèr bù xíng ba, yǒu diǎn 这儿不行吧，有点 biēqì. 憋气。 You shouldn't put your desk here. There is no fresh air.

Qì 气 Qi	Zài fēngshuǐ li, qì shì zhǐ 在 风 水 里，气 是 指 yì zhǒng néngliàng. Liúdòng 一 种 能 量。流 动 zhe de qì huì yīn fāngwèi jiǎodù 着 的 气 会 因 方 位 角 度 de bù tóng ér biànhuà chéng： 的 不 同 而 变 化 成： wàngqì, ruòqì, èqì, 旺 气、弱 气、恶 气、 yùnqì, yǐjí cáiqì, fúqì 运 气，以 及 财 气、福 气 děng 等 In feng shui, qi means a type of energy. The flow of qi in different directions results in different situations: prosperity, weakness, bad luck, fortune, good luck, etc.	Nǐ zhè fángzi hǎo a, gǎnjié 你 这 房 子 好 啊，感 觉 yǒu yì gǔ wàngqì. 有 一 股 旺 气。 Your house is really good with prosperous qi.

Lóngxué 龙穴 Dragon point	Jīzhǐ zuìjiā xuǎndiǎn, zài 基址 最佳 选 点，在 zhǔ shān zhī qián, shānshuǐ 主 山 之 前，山 水 huánbào de zhōngyāng, bèi 环抱 的 中 央，被 rènwéi shì wànwù jīnghuá de 认 为 是 万 物 精华 的 "qì" de níngjié diǎn, gù wéi "气"的 凝结 点，故 为 zuì shìyú jūzhù de fú dì 最适于 居住 的福地 The best point for the house base is in front of a mountain and between the mountain and a river. This point is where prosperous qi concentrates. So it's the best place to live.	Nǐ zhīdào ma? Gùgōng de 你 知道 吗？故 宫 的 lóng xué jiù cáng zài jiāotài- 龙 穴 就 藏 在 交泰 diàn. 殿。 Do you know that the dragon point of the Forbidden City is hidden in Jiaotaidian Palace?
Wàngzhái 旺宅 Lucky house	Zhǐ nénggòu dàilái cáiyùn, 指 能 够 带来 财运、 guānyùn, shǐ rén dīng xīng wàng 官运，使 人 丁 兴 旺 de fángzi 的 房子 A house or apartment that has good feng shui	tīngshuō Lǎo Lǐ zuìjìn mǎi le tào 听 说 老李 最近 买了套 wàngzhái hòu, tā de shēngyì 旺宅后，他 的 生意 yì tiān bǐ yì tiān hǎo 一天 比 一 天好。 Someone said Lao Li bought a lucky house which has made his business more prosperous.

Jù cái 聚财 To gather wealth	Yì zhǒng kěyǐ jíjù qiáncái de 一 种 可以集聚钱财的 dìxíng huòkōngjiān 地形或 空 间 A space which can facili- tate the accummulation of wealth	Zhè fángzi bié kàn xiǎo, kě 这房子别看小，可 hěn jù cái. 很聚财。 Although the room is small, its shape can bring wealth.

 ## Commonly Used Phrases Related to feng shui.

Yìxiē hé fēngshuǐ shí yùnxiāngguān de cháng yòngyǔ :
一些和风水时运相 关 的 常 用语：

Dà jí dà lì 大吉大利 Propitious	Fēicháng jíxiáng hé shùnlì. Duōbàn shì 非 常 吉祥和顺利。多半是 yòngzuòshāngdiàn kāi zhāng, lóufáng 用做 商 店开 张 、 楼房 kāipánděngchǎngmiàn de hècí 开盘等 场 面的贺词 A congratulatory speech for grand opening of a shop or a construction	Wǒ zhù guì gōngsī cái 我 祝贵公司 财 yuán guǎng jìn, dà jí 源 广 进，大吉 dà lì ! 大利! I wish you have deep pocket and every- thing is propitious!

Shíchen 时辰 two-hour	Zhōngguó gǔdài de yì zhǒng jìshí 中国古代的一种计时 dānwèi, bǎ yí zhòuyè píngfēn chéng 单位，把一昼夜平分成 shí'èr duàn, měi duàn jiào yí ge 十二段，每段叫一个 shíchen, xiāngdāng yú liǎnggèxiǎoshí 时辰，相当于两个小时 时辰 is an ancient division of time equal to two hours. One day has twelve 时辰.	Xiàn zài tàiyáng zhèng yào 现在太阳正要 xià shān, shì kàn rìluò 下山，是看日落 de hǎoshíchen. 的好时辰。 The sun is going down; this is a good time to watch sunset.
Jí xīng gāo 吉星高 zhào 照 Endless auspiciousness	Jíxīng: zhǐ fú, lù, shòu sān 吉星：指福、禄、寿三 xīng, biǎoshì xìngfú, fēnghòu de 星，表示幸福、丰厚的 shōurù, chángshòu. Cǐ jù zhǐ 收入、长寿。此句指 Jíxiáng zhī xīng gāogāo zhàolín. Zhǔ- 吉祥之星高高照临。主 yào zuòwéi duì tā rén de zhùfúyǔ 要作为对他人的祝福语 Auspiciousness represents luck, wealth and long life. It is often used as a good wish.	zhùyuàn nín jí xīng gāo 祝愿您吉星高 zhào! Hóng yùn dāng 照！鸿运当 tóu! 头！ I hope that auspiciousness comes to you again and again!

Rénqì wàng 人气旺 Many people	Biǎoshì rén duō xīngwàng， mǎimài 表示人多兴旺、买卖 xīnglóng， shìchǎng fánróng 兴隆、市场繁荣 Positive energy grows with the number of people, an abundance of qi means prosperity.	Zhèli rénqì hěn wàng， 这里人气很旺， kāi jiā cānguǎn yídìng bú 开家餐馆一定不 cuò。 错。 There are lots of people here; it should be a good place to open a restaurant.
Zǒu yùn 走运 Good fortune	Zhǐ pèngshàng hǎo yùnqì 指碰上好运气 Good luck	Xīwàng nín zǒu yùn！ 希望您走运！ Hope you good luck!
È yùn 厄运 Misfortune	Zhǐ kùnkǔ de zāoyù， búxìng de 指困苦的遭遇，不幸的 mìngyùn 命运 Bad luck	Tā zuìjìn zěnme le？ 他最近怎么了？ hǎoxiàng èyùn bú duàn 好像厄运不断 ma。 嘛。 What's going on with him? Bad luck followed him all the way.

Shēngchén- 生 辰 bā zì 八字 Birth time and associ-ated eight characters	Zhǐ yí ge rén de chūshēng rì- 指一个人的出生日 qī, Zhōngguó rén rèn wéi kě tōng guò 期，中国人认为可通过 shēngchén-bāzì lái tuīcè rén de jíxiōng 生辰八字来推测人的吉凶 huò fú 祸福 生 辰 is the time of birth; 八字 is an ancient way to count the year, month, day, hour with eight Chinese characters (two characters for each term). To the Chinese, understanding 八字 can help predict the fortunes and misfortunes of a person.	Nǐ xiǎng zài Zhōngguó 你想在中国 suàn mìng de huà, 算命的话， yīng xiān zhīdào nǐ de 应先知道你的 shēngchén-bāzì. 生辰八字。 Chinese fortune teller needs to know your eight characters to tell your fortune.

7 太贵了!

Too Expensive!

Tǎojià- huánjià de zhāoshù
讨价还价的招数

(Tips on bargaining)

John has been staying in Beijing for several months. He has learned quite a lot about the Chinese language as well as the culture. After work, John headed for the Xiushui Silk Market at Xiushuidongjie Street. There were arrays of stands selling goods made of Chinese silk. John wanted to buy a scarf for one of his friends back in the US.

Yuēhàn zài Běijīng yǐjīng zhùle jǐ ge yuè le , xuéle bù
约翰在北京已经住了几个月了，学了不

shǎo Hànyǔ hé Zhōngguó de wénhuà shēnghuó chángshí . Gōngzuò
少汉语和中国的文化生活常识。工作

Commen Sense

zhīyú , tā qùle Xiùshuǐ Jiē . Nàli yǒu xǔduō shāngpù mài
之余，他去了秀水街。那里有许多商铺卖

Zhōngguó sīchóu zhìpǐn . Yuēhànxiǎngmǎi yì tiáo zhēnsī wéijīn sòng
中国丝绸制品。约翰想买一条真丝围巾送

zìjǐ zài Měiguó de péngyou .
自己在美国的朋友。

silk scarf

Yuēhàn : Zhè ge duōshao qián ?
约翰：这个多少钱？
John: How much is it?

Shòuhuòyuán : Zhè ge zhìliàng hěnhǎo , zhǐmài èrshí kuài .
售货员：这个质量很好，只卖二十块。
Seller: This is of good quality. It's only 20 yuan.

Yuēhàn : Shíbā kuài zěnmeyàng?
约翰：十八块怎么样？
John: How about 18 yuan?

Shòuhuòyuán : Zhèwǒ kě yàokuīqián le . Shíjiǔ kuàimài nǐ le .
售货员：这我可要亏钱了。十九块卖你了。
Seller: I am losing money. 19 yuan and that's it!

Yuēhàn : Wǒzhǐyǒu shíbā kuài , búmài jiù suàn le .
约翰：我只有十八块，不卖就算了。
John: I only have 18 yuan on me. Give it or not?

Shòuhuòyuán : Nàhǎo , gěi nǐ le . Nǐ zhēnhuì tǎojià-huánjià .
售货员：那好，给你了。你真会讨价还价。
Seller: OK, you are really good at bargaining.

John was so happy that he just bargained and bought the scarf for just 18 yuan. He was so proud of himself and could not wait to tell Lily about it.

Yuēhàn wèi zhǐ huāle shíbā kuàiqián jiù mǎile tiáo zhēnsī
约翰为只花了十八块钱就买了条真丝

wéi jīn ér gǎndào hěn zìháo , pòbùjídài de bǎ zhè ge hǎo chéngjì
围巾而感到很自豪，迫不及待地把这个好成绩

gàosule Jìngwén .
告诉了静文。

Yuēhàn： Jìngwén， wǒ zài Xiùshuǐ Jiē gāng mǎile tiáo zhēnsī wéi jǐn .
约翰：静文，我在秀水街 刚 买了条真丝围巾。
John: Jingwen, I just went to the Silk Market and bought this scarf.

Jìngwén： zhēn piàoliang ! Nà wéi jǐn nǐ huāle duōshao qián?
静文：真 漂 亮！那围巾你花了多少 钱？
Jingwen: It's beautiful. How much did you pay for it?

Yuēhàn： Běnlái yào èrshí kuài， jiéguǒ wǒ zhǐ huāle shíbā kuài， wǒ
约翰：本来要二十块，结果我只花了十八块，我
tǐng huì tǎo jià-huán jià de ba?
挺会讨价还价的吧？
John: Well, it's originally 20 yuan, but I bargained it down to 18 yuan. It's a real bargain, isn't it?

Jìngwén： Shénme ?
静文：什么?
Jingwen: How much?

Yuēhàn： zěnmele ?
约翰：怎么了?
John: What's wrong?

Jìngwén： wǒ yě céng mǎile yì tiáo tóngyàng zhìliàng de wéi jǐn， kě wǒ
静文：我也 曾 买了一条 同 样 质量的围巾，可我
zhǐ huāle shísì kuài! nǐ háishi mǎiguì le
只花了十四块！你还是买贵了。
Jingwen: I bought a scarf for 14 yuan only! The same kind of silk scarf.

The smile on John's face vanished. He paid four

yuan more than Jingwen. Jingwen then told him how to shop in China.

Wēixiào zài Yuēhàn liǎn shàng lìkè xiāoshī le . Tā jūrán
微笑在约翰脸上 立刻消失了。他居然
mǎi de bǐ Jìngwén guìle sì yuán . Yúshì Jìngwén kāishǐ zhǐdiǎn tā
买的比静文贵了四元。于是静文开始指点他
rúhé zài Zhōngguó de zìyóu shìchǎng gòuwù .
如何在中国的自由市场购物。

After getting the basic bargain training, John tried again one day.

Jīngguò yì fān Jìngwén de zhǐdiǎn hòu , Yuēhàn yòu qù Xiùshuǐ-
经过一番静文的指点后, 约翰又去秀水
Jiē jìnxíngle yí cì shíjiàn .
街进行了一次实践。

Yuēhàn: Hēi , lǎobǎn , zhè xié duōshao qián yì shuāng?
约翰:嘿,老板,这鞋多少钱一双？
John: Hey, how much is this pair of shoes?

Lǎobǎn: Zhè shì Zhōngguó de míngpái , zhìliàng fēicháng hǎo , nǐ zhēn
老板:这是中国的名牌, 质量非常好, 你真

yǒu yǎnlì .
有眼力。
Shop owner: It is a famous brand, very good quality. You have got good taste.

Yuēhàn : Wǒ qǐng wèn nǐ duōshaoqián .
约翰：我请问你多少钱。
John: I asked how much.

Lǎobǎn : Kàn nǐ hěnshíhuò , piányi mài nǐ le .
老板：看你很识货，便宜卖你了。
Shop owner: Since you really know the good staff, I'll sell you at good price.

Yuēhàn : Duōshao qián?
约翰：多少钱？
John: How much?

Lǎobǎn : Běnlái yào yīqiān , xiànzàigěi nǐ bābǎi yì shuāng .
老板：本来要1000，现在给你800一双。
Shop owner: The original price is 1000 yuan, I'll give you for 800 yuan.

Yuēhàn : Zhè xié bù zhí zhè ge jià , jiù shì wubǎikuài , wǒ dōu bú yào .
约翰：这鞋不值这个价，就是500块，我都不要。
John: This doesn't look real, I won't take it even for 500 yuan.

Lǎobǎn : Nà wǒ jiù dà chūxiě , yì kǒu jià , sìbǎi kuài nǐ ná zǒu .
老板：那我就大出血，一口价，400块你拿走。
Shop owner: I'm bleeding, final deal, 400 yuan.

Yuēhàn : Kāi shénme wánxiào , zhè xié zuìduō zhí sānbǎikuài .
约翰：开什么玩笑，这鞋最多值300块。
John: Are you kidding? It's worth at most 300 yuan.

Lǎo bǎn: Péngyou,   nǐ shì bu shì zhēn xiǎng yào,   zài chū ge jià,
老板: 朋友，你是不是真想要，再出个价，
wǒmen zài shāngliang shāngliang.
我们再商量商量。
owner: Hey friend, are you serious? If so, we can talk about the price.

Yuēhàn: Wǒ qù bié jiā kànkan.
约翰: 我去别家看看。
John: I'll go around.

Lǎobǎn: Āi, nǐ biézǒu,   jià qián hǎo shāngliang.
老板: 唉，你别走，价钱好商量。
Shop owner: Hey, don't go. Give me your price.

Yuēhàn: Xiè xie.   Mànmanzǒu kāi
约翰: 谢谢。（慢慢走开）
John: Thank you. (Slowly leaving)

Lǎobǎn: Nà sānbǎi gěi nǐ le, zuìhòu jià.
老板: 那300给你了，最后价。
Shop owner: Then, final price of 300 yuan.

Yuēhàn: Xiè xie.
约翰: 谢谢。
John: Thank you.

Cultural Tips 文化提示

Bargaining in China is a useful skill that could save you money. You may want to learn how to bargain and haggle. Except for big stores, shopping malls and supermarkets where prices are fixed and not for bargain, other places are open for bargain, including free market, fruit stands and small shops.

Tip one: Never buy anything without comparing the prices from more than three different shops.

Tip two: Don't show you're happy with the price and the product. Try to find some defects and let the seller feel you don't really love that item.

Tip three: Never pay the full price. If a pair of shoes is selling for 400 yuan, you might want to say, "Oh, it's too expensive for me" and try to look uninterested. Then the seller will ask you how much you are willing to pay. Grab the chance and cut the price by 20-30%!

Tip four: Let the seller feel you're not satisfied with the price, and pretend to leave. This way the seller would tell his/her bottom line price.

The sellers welcome bargaining from the customers. Do not feel intimidated to bargain. The winner knows the art of bargaining!

在中国讨价还价是一个非常实用的技巧，它能给你节省不少钱财。想要在中国把日子过好了，学会讨价还价是很有必要的。在中国的大商场和国际名牌商店、超市里，价格大都是固定的，而其他商店大都可以讨价还价，如自由市场、一些水果摊和一些街边的小百货商店等。以下是在这些地方购物时应注意的原则：

原则一：在购买前千万要货比三家。

原则二：即便是在你对这个货物和价格都感到非常满意时也不要把它挂在脸上，而是要说货物的一些缺点，让买货的人感到你并不那么喜欢这个东西和价格。

原则三：千万不要摊主说什么价你付什么价。例如一双鞋子对方说400块，你就说这个价格对我太贵了，并立刻表示出对这个东西不感兴趣。这时买货人一定会问你

The Way We Communicate 117

duōshǎo jiàqián héshì， nǐ kěyǐ zài yuán jiàgé shàng dǎ yí ge
多少价钱合适，你可以在原价格上打一个

qī bā zhé， zhèyàng róngyì chéngjiāo.
七、八折，这样容易成交。

Yuánzé sì： yídìng yào ràng màihuò rén gǎndào nǐ duì zhè ge
原则四：一定要让卖货人感到你对这个

jiàgé bù mǎnyì， bìng zhuāngzuò yào líkāi de yàngzi. Yǐ
价格不满意，并装做要离开的样子。以

zhèyàng de fāngshì jǐnkuài tànzhī zhè ge huòwù de dǐjià.
这样的方式尽快探知这个货物的底价。

Jìzhù màihuò rén zǒngshì zài qīdài nǐ tǎojià-huánjià. Yīncǐ
记住卖货人总是在期待你讨价还价。因此

bú yào gǎndào hàipà tǎojià-huánjià. Zuìzhōngyíng zhě zǒngshì shǔyú
不要感到害怕讨价还价。最终赢者总是属于

tǎojià-huánjià de jìshù gāochāozhě.
讨价还价的技术高超者。

Useful Expressions 实用表达法

 Some Useful Terms on Bargain.

Yìxiē shíyòng de tǎojià-huánjià yòngyǔ：
一些实用的讨价还价用语：

Expression	When or how to use	Example
Zhè ge mài duōshao 这个卖多少 qián? 钱？ How much is it?	Shífēn cháng yòng. Gèng jiǎnbiàn de 十分常用。更简便的 shuōfǎ shì "duōshao qián?" 说法是"多少钱？" Used very often. The simpler way is "How much".	Lǎobǎn， qǐngwènzhè 老板，请问这 ge duōshao qián? 个多少钱？ Hi, how much is it?

Tài guì le . 太贵了。 Too expensive!	zhè néng gěi nǐ tǎo jià-huán jià de jī huì 这 能 给 你 讨价还价 的 机会 You can get a chance to bargain if you say it.	Tài guì le , wǒ háishi 太贵了，我还是 qù bié de diàn kànkan 去别的店看看 ba ! 吧! The price is too high. I'll have to look around.
Lán yāo kǎn 拦腰砍 Cutting in half	Tǎo jià huán jià de yí ge cháng jiàn 讨价还价 的 一 个 常 见 shǒu fǎ , dàn zhè bìng bù bǎo zhèng nǐ 手法，但这并不保证你 zuò yíng jiā 做 赢家 To cut in half is one common way to bargain. But this can't guarantee that you win.	Nǐ de jiàgé tài gāo 你的价格太高 le , lán yāo kǎn yì 了，拦腰砍一 dāo nǐ yě háishi yǒu 刀你也还是有 lìrùn de . 利润的。 You should cut the price in half first!
Zài piányi xiē? 再便宜些? Can you make it cheaper?	Zhǐyào jiàgé hái méiyǒu shuō dìng zhī 只要价格还没有说定之 qián , kěyǐ yāoqiú màizhǔ zài chū jià 前，可以要求卖主再出价 dī xiē 低些 If the price is not settled, say it once more.	néngfǒu zài piányi yì- 能 否 再便宜一 xiē? Wǒ kěyǐ duō 些? 我可以多 mǎi xiē . 买些。 Could you go down a little more? I may take more.

Mēng 蒙 Cheating	"Mēng" zhǐ qīpiàn "蒙"指欺骗 蒙 means to cheat.	Biémēng gùkè . 别蒙顾客。 Don't try to cheat the customer.
Tài zǎi rén le Tài 太宰人了 / 太 hēi le . 黑了。 It's a rip-off.	Rúguǒ duìfāng chūjià shízài tài gāo 如果对方出价实在太高 dehuà， zhème shuō duìfāng yě bú huì 的话，这么说对方也不会 shēngqì， yīnwèi shìfǒu zǎi rén tāmen 生气，因为是否宰人他们 zìjǐ xīn li hěn qīngchǔ 自己心里很清楚 If the price is charged too much, the sellers will not get angry at what you say since they know what they are doing.	Nǐ zhè ge jiàgé yě tài 你这个价格也太 hēi le ba . 黑了吧。 This price is excessively high.
Bú jiàng jià jiù zǒu 不降价就走 le . 了。 Leaving if the price is not lowered	Zhème shuō kěyǐ gěi mǎi fāng shī jiā 这么说可以给买方施加 yālì， shì ge fēicháng shíyòng de 压力，是个非常实用的 cèlüè 策略 This could be a very useful trick to give the seller pressure.	Nǐ shuō de jiàgé wǒ 你说的价格我 háishi bù néng jiēshòu， 还是不能接受， yàoshi bú jiàng jià de 要是不降价的 huàwǒ jiù zǒu le . 话我就走了。 I can't accept it; I will go if you don't mark the price down!

Dà chū xiě 大出血 Costing lots of money	Xiě duì réntǐ hěn bǎoguì, huāle tài 血对人体很宝贵，花了太 duōqián yě jiù děngyú dà chū xiě 多钱也就等于大出血 Blood is very valuable for people. Spending too much is equal to losing blood.	Zhēn cǎn, gāo jià 真惨，高价 mǎile gè jiǎ huò, wǒ 买了个假货，我 zhè cì shì dà chū xiě 这次是大出血 le. 了。 Oh, gosh, this shoddy thing cost me a lot.
Zhèli yǒu diǎnr 这里有点儿 wèntí. 问题。 There is something wrong.	Rúguǒ zhǔn bèi yào mǎi de huà, jiù yào 如果准备要买的话，就要 kāishǐ tiāo máobìng, gěi tǎo jià-huán jià 开始挑毛病，给讨价还价 zuò pū diàn 作铺垫 Criticizing the stuff so that you can get the chance to bargain	Nǐ kànkan zhè bǎ 你看看这把 shànzi, zhèli yǒu 扇子，这里有 diǎnr wèntí... 点儿问题…… Look at here, it's a crack.
xx kuài zěnmeyàng? xx 块怎么样？ How about ×× yuán?	tǎo jià-huán jià de chángyòng yǔ 讨价还价的常用语 A common way to bargain	Yībǎi kuài tài guìle, 100 块太贵了， wǔshí kuài zěnme- 50 块怎么 yàng? 样？ A hundred? Too expensive! How about 50?

Zhèdōngxi bú cuò . 这东西不错。 It's good.	Zuìhǎo bú yào duìzhe zhǔn bèi yào mǎi 最好不要对着 准备要买 de dōngxi zhème píng jià 的东西 这么 评价 Better not say so if you really want to buy it	Zhèdōngxizhēn bú cuò , 这东西真不错， yàoshi wǒ yǒu qián de 要是我有钱的 huà yídìng mǎi . 话一定买。 This is not bad; I will take it if I have money.
Wǒxiǎngyàozhè ge . 我想要这个。 I want this one.	zuìhǎo shì zài jiàgé tán hǎo zhī hòu cái 最好是在价格谈好之后才 shuō ， fǒuzé jiàgé hěn nán zài jiàng 说，否则价格很难再降 xiàlai 下来 Say it only after having settled the price, otherwise it is very hard to get the price down	Xiǎo jiě ， wǒ xiǎng yào 小姐，我想要 zhè ge . 这个。 Miss, I want this.

Shopping Related Phrases:
Yǒuguān gòuwù de yìxiē xiāngguān gàiniàn :
有关 购物的一些 相关 概念：

Expression	When or how to use	Example
Gòuwù zhōng xīn 购物 中 心 Department store	Xíngshì yǒu guóyíng， sīyíng hé 形式 有 国营、私营和 guówài tóuzī de， nàli de 国外 投资 的， 那里 的 jiàgé jiàogāo， dànzhìliànghǎo； 价格 较 高， 但 质量 好； suǒyǐ kèrén bǐjiào duō 所以 客人 比较 多 There are state-owned, private and foreign-invested shopping centers. The price is higher, but the quality is better, so they attract a lot of people.	Jīntiān zánmen qù gòuwù 今天 咱们 去 购物 zhōngxīn guàngguang ba ? 中心 逛 逛 吧? Let's go to the department store, shall we?
Zìyóu shìchǎng 自由市场 Free market	Nàli duōshì sīrén tānwèi， jiàgé 那里 多 是 私人 摊位，价格 xiāngduì piányi， fēicháng rènao 相 对 便宜， 非常 热闹 Usually free markets are crowded with privately owned stands and the price is cheaper.	Míngtiān qù zìyóu shìchǎng 明 天 去 自由 市 场 zěnmeyàng? 怎么样? How about going to the free market tomorrow?

Yè shì 夜市 Night market	Duōbàn shì ge rènao, ér dōngxi 多半是个热闹、而东西 piányi de dìfang 便宜的地方 This is the place to go at night to find cheap stuff.	Jīnwǎn jiù qù yèshì qiáo- 今晚就去夜市瞧 qiao ba. 瞧吧。 Let's go to the night market tonight.
Dà màichǎng 大卖场 Sales market	Miànjī gèng dà, huòwù gèng 面积更大、货物更 duō, jiàgé yě gèng piányi de 多，价格也更便宜的 cāngkùxíng diànpù 仓库型店铺 Large warehouse store with more and cheaper merchandise	Rúguǒ wǒmen hái mǎi bu dào 如果我们还买不到 de huà, jiù qù dà mài- 的话，就去大卖 chǎng kànkan. 场看看。 If we can't find it here, let's go to the sales market.
Wúzhào jīngyíng 无照经营 Business without license	Lù biān jiētóu cháng yǒu yìxiē 路边街头常有一些 wéifǎ de xiǎo shāng xiǎo fàn 违法的小商小贩 chūshòu jiǎmào wěiliè chǎnpǐn 出售假冒伪劣产品 Street vendors selling fake stuff without license	Wúzhào jīngyíng de xiǎo tān 无照经营的小摊 fànmài de dōngxi kào bu 贩卖的东西靠不 zhù. 住。 Those stands do not have business license. Their goods are bad in quality.

8 还是在饭桌上谈吧!
Háishi zài fànzhuō shàng tán ba !
Let's Talk Over the Dinner!

Rénjì guānxì de jiànlì
人际关系的建立
(Building interpersonal relations)

As the representative of his company seeking part-nership in Beijing, Mark has spent lots of time preparing the business plan for the related project. Recently he has contacted the Division Director of a potential partner. He made an appointment with the director to discuss the project.

Mǎkè dàibiǎo tā de gōngsī yào zài běijīng xúnzhǎo hézuò
马克代表他的公司要在北京寻找合作
huǒbàn. Tā huāle hěnduō shíjiān zhǔnbèi tā de shāngyè jìhuà ,
伙伴。他花了很多时间准备他的商业计划,

yǐjīng zhǎodàole yí wèi qiánzài hézuò dānwèi de bùmén fùzé rén,
已经找到了一位潜在合作单位的部门负责人,

bìng hé zhè wèi fùzé rén Wáng chùzhǎng yuē hǎo jiànmiàn, qiàtán
并和这位负责人王处长约好见面,洽谈

yíxià yǒuguān zhège xiàngmù de kě xíngxìng.
一下有关这个项目的可行性。

Mǎkè: Wángchùzhǎng, nínhǎo! Wǒjiào Mǎkè.
马克: 王处长,您好! 我叫马克。
Mark: Mr. Wang, nin hao! I am Mark.

Wángchùzhǎng: Nínhǎo! Qǐngzuò!
王处长: 您好! 请坐!
Mr. Wang: Nin hao! Please take a seat.

Mǎkè: Wǒxiǎng hé níntántan guānyú zhège hézuòxiàngmù...
马克: 我想和您谈谈关于这个合作项目……
Mark: I am here to talk with you about our possible joint venture.

Wángchùzhǎng: Ò, hǎo a.
王处长: 哦,好啊。
Mr. Wang: Oh, yes.

Mǎkè: Zhèshìwǒ nǐhǎode jìhuà shū.
马克: 这是我拟好的计划书。
Mark: Here is the business plan I made.

Wángchùzhǎng: Hǎode. Kàn qǐlai shì zuòle bùshǎo xìzhì gōngzuò.
王处长: 好的。看起来是做了不少细致工作。
Wǒhuìjǐnkuài yǔ wǒbùmén de rényánjiū, bìnggěi nǐ dáfù de.
我会尽快与我部门的人研究,并给你答复的。
Mr. Wang: OK. You did a good job. I will discuss it with people in my department and get back to you soon.

Mǎkè : Nà nín shénme shíhou kěyǐ gěi wǒ dáfù ?
马克：那您什么 时候可以给我答复？
Mark: When can I expect your reply?

Wángchùzhǎng : Nàme wǒmen míngtiān yìqǐ chīfàn, dào shíhou biān
王 处 长：那么我们 明 天一起吃饭，到 时候 边
chībiānliáo?
吃边 聊？
Mr. Wang: Then, can we talk during lunch tomorrow?

The next day, Mark accepted Mr. Wang's invitation
to have lunch together.

Dì-èr tiān , Mǎkè jiēshòule Wáng chùzhǎng de yāoqǐng ,
第二天，马克接受了 王 处 长的邀请，
yìqǐ chīle yí dùn fēicháng fēngshèng de wǔcān 。
一起吃了一顿 非常 丰 盛 的午餐。

Mǎkè : Wáng chùzhǎng , jìhuà shū yǒu jiēguǒle ma?
马克： 王 处 长，计划书 有结果了吗？
Mark: Mr. Wang! How do you like the plan?

Wáng chùzhǎng : Bù zháojí , zánmen xiān chī . Nǐ zěnme kàndài
王 处 长：不着急，咱们 先吃。你怎么看待
Zhōngguó zhè ge shìchǎng?
中 国 这个市场？
Mr. Wang: No rush. Let's eat first. What do you think of
the Chinese market?

Mǎkè : Zhōngguó shìchǎng hěn dà , wǒmen gōngsī yǒuyì hé guì
马克：中 国 市场 很大，我们 公司 有意和贵
gōngsī jìnxíng chángqī hézuò 。
公司 进行 长 期 合作。
Mark: Chinese market is very big. My company would
like to establish a long term cooperation with you.

Wáng chùzhǎng: Chángchang zhè ge, zhè jiǎozi de wèidào xiāngdāng bú cuò.

王 处 长：尝 尝 这个，这饺子的味道 相当不错。

Mr. Wang: Try this. The dumpling is good.

Mǎkè: Guānyú wǒmen zhè cì de hézuò ...

马克：关于 我们 这次的合作……

Mark: About our cooperation...

Wáng chùzhǎng: Nín cháng le zhè ge méiyǒu? Bié kèqi a, qǐng duō chī, duō chī!

王 处 长：您尝了这个没有？别客气啊，请 多吃，多 吃!

Mr. Wang: Have you tried this? Don't stand on ceremony. Help yourself.

Mǎkè: ?

马克：?

Mark: ?

Wáng chùzhǎng: Nǐ bié nàme jí, wǒ zhīdào nǐmen de chǎnpǐn búcuò, yě hěn xīwàng néng hé guì gōngsī hézuò, dàn zǒng děi yí bùbù lái ma. Wǒmen xīwàng jiāshēn duì nǐmen de liǎojiě, wèi jǐnhòu de chángqī hézuò dǎ hǎo jīchǔ.

王 处 长：你别那么急，我知道你们的产品不错，也很希望 能 和贵公司合作，但 总 得一步步来嘛。我们希望加深对你们的了解，为今后的长 期合作打好基础。

Mr. Wang: Be patient. I know your products are competitive and we hope we can do business together. But we have to do it step by step. We need to know your company better and build up solid ground for potential cooperation.

Mark went back to the hotel and saw his friend John, who had been in Beijing for some time from the U.S. Mark complained to John about how difficult it was to deal with Chinese businessmen.

John told Mark that the business procedure is much different in China than in the Western world. In China, business starts from the dining table instead of the conference room. The Chinese want to know you better prior to doing business with you. They would like to build up trust between business partners. Dinner is one of the easy ways to achieve this goal.

Mǎkè huídào bīnguǎn hòu jiàndàole tā de péngyou Yuēhàn :
马克回到宾馆后见到了他的朋友约翰:

Yuēhàn cóng Měiguó lái Běijīng yǐjīng yǒu yí duàn shíjiān le . Mǎkè
约翰从美国来北京已经有一段时间了。马克

jiànle Yuēhàn hòu jiù kāishǐ xiàng tā bàoyuàn zài Zhōngguó zuò shēngyì
见了约翰后就开始向他抱怨在中国做生意

de kùnnán .
的困难。

Yuēhàn tīng hòu xiàng tā jiǎngjiěle Zhōngguó rén zuò shēngyì hé
约翰听后向他讲解了中国人做生意和

西方人有很大差别。在中国，很多生意的
开端是从朋友间的吃饭闲谈中获取"灵感"
的：中国人在做生意前，除了要制定商业
计划外，还要像现在你所经历的那样，要先
开饭局，以达到试图了解对方的目的，并进而
建立商业互信的关系。

Hearing John's explanation, Mark got a better idea as to
what to do next. He decided to invite Mr. Wang for dinner.

听了约翰这么一番话后，马克对下一步
该怎么办有了一点头绪。他决定设宴回请
王处长：

马克： Wáng chùzhǎng, bùhǎoyìsi, shàngcì ràng nín pòfèi le,
王 处 长，不好意思，上次 让 您 破费了，
jīntiān yóu wǒ qǐng nín, biǎobiǎo xièyì.
今天由我 请 您，表 表 谢意。

Mark: Mr. Wang, thank you for the nice lunch last time. In return, let me treat you this time.

Wáng chùzhǎng： Nǎlǐ, nǎlǐ, hé nín dǎ jiāodao shì wǒ de róng-
王 处 长：哪里，哪里，和您打 交 道 是我的 荣
xìng.
幸。

Mr. Wang: It was my pleasure.

马克： Jīntiān wǒ jièshào jǐ wèi péngyou hé nín rènshi, wǒ lái jièshào
马克：今天我介绍几位 朋 友 和您认识，我来介绍
yíxià： zhè shì ABC gōngsī de fùzǒng Pítè xiānsheng, xiànzài
一下：这是ABC 公 司的 副总皮特 先 生，现在
zhǔguǎn Zhōngguó dìqū de yèwù.
主 管 中 国地区的业务。

Mark: Let me introduce some friends to you today. This is Vice President of ABC Company， Mr. Peter. He's in charge of Grand China area.

Wáng chùzhǎng： Xìnghuì xìnghuì.
王 处 长：幸会 幸会。

Mr. Wang: Very nice to meet you.

马克： Zhè wèi shì gāo kējì kāifā qū de Lǐ zǒng.
马克：这位是高科技开发区的李 总。

Mark: This is Mr. Li, Manager of the High-tech Development Zone.

Wáng chùzhǎng： Hěn gāoxìng rènshi gè wèi.
王 处 长：很 高兴 认识各位。

Wang: I'm very happy to know you.

Lǐ zǒng： Zuòzài yí ge zhuōshàng jiùshi péngyou le .
李总：坐在一个桌 上 就是 朋 友了。
Li: Friends' friends are friends.

Mǎkè ： Dàjiā qǐngzuò。 Suíbiàn chī， bié kèqi . Wǒmen jīntiān zhǐ
马克：大家 请 坐。随 便 吃，别 客气。我 们 今天 只
tán yǒuqíng， bù tán shēngyì .
谈 友情，不谈 生意。
Mark: Sit down please. Let's relax today, do not talk about business.

Wángchùzhǎng： Hǎo， hǎo . Nàxiānwèi wǒmen de yǒuqíng gānbēi！
王 处 长：好，好。那先 为 我们 的友情 干杯!
Wang: OK. Let's make a toast for our friendship.

The next day after dinner, Mr. Wang's secretary called Mark and made an appointment to discuss the business proposal.

Fàn jú hòu de dì-èr tiān， Wángchùzhǎng de mìshū gěi Mǎkè
饭局后的第二天， 王 处 长 的秘书给马克
láile ge diànhuà， yuēdìng tǎolùn shāngyè jìhuà shū de shíjiān .
来了个电话，约定讨论商业计划书的时间。

Cultural Tips 文化提示

Chinese business people do not rush into discussion or negotiations as Westerners do. They want to show their respect and sincerity and soften their visitors up. This may be done through having lunch together before discussing serious business. When they feel comfortable on the dining table, there will be better chance to win business deal.

But that's not all. It's best to find people who know both sides to the dinner. Many important businesses are finalized on the dining table instead of in the meeting room. To get to know each other through acquaintance may lead to fruitful cooperation.

Connections play a noticeable role in doing business in China. It's a tradition to take good care of their clients. A well-known idiom is 和气生财（Friend-liness is conducive to business success）. Becoming a trustworthy client involves communication skills, social background and experiences. One of the useful ways is to invite business partner to dinner or party. This will help one make new friends while getting together with old ones. When doing business in China, one must not ignore the role of dinner in building trust.

By all means, this traditional Chinese way of doing business is changing gradually. It will be harder to get a deal done without a proper business proposal, although many business deals are still done at the dinner table.

Zhōngguó shāngrén yìbān bú xiàng xīfāng shāngrén nàyàng
中 国 商 人 一 般 不 像 西 方 商 人 那 样
kāimén jiànshān de zhíjiē qiàtán yèwù , tāmen chángcháng huì tōng-
开 门 见 山 地 直 接 洽 谈 业 务 ， 他 们 常 常 会 通

过一些较轻松的场合如宴请新的合作伙伴来

表示他们的尊重和合作的诚意。换句话说,

生意中常是以吃饭的方式开始。通过饭桌

融洽彼此的私人感情,这会使生意有个良好

的开端。

此外,有时能找到一些认识双方的

朋友,一起作陪,更容易增加融洽的气氛。

许多生意都是在和朋友们吃饭聊天的友好气

氛中进行的。通过认识的朋友间接了解、

熟悉对方,更能促使生意合作的成功。

中国人做生意会花许多精力和时间来

培养相互的感情和信任。照顾好自己的客人

是中国的文化传统,即所谓和气生财。

如果能成为相互信任的生意伙伴,需要

许多言辞技巧、社会基础和经验积累。当然

也离不开友好聚会。通过聚会不仅可以维系

老朋友的感情,还能认识许多新朋友,不断

kuòdà shēngyì quān. Zài Zhōngguó zuòshēngyì zuìhǎo bú yào hūlüè
扩大生意圈。在中国做生意最好不要忽略

tōngguò fànjú lái zēngjiā gǎnqíng, jiànlì xìnrèn de tèshū yìyì.
通过饭局来增加感情、建立信任的特殊意义。

Dāngrán, Zhōngguó rén de zhèzhǒng zuòshēngyì fāngshì yīn
当然，中国人的这种做生意方式因

yǔ wàijiè de jiēchù yǒu suǒ gǎibiàn, dàn tánshēngyì shí yīrán miǎn
与外界的接触有所改变，但谈生意时依然免

buliǎo shàng fànzhuō. dàn zhìshǎo yǒu yì diǎn xū míngbai: guāng
不了上饭桌。但至少有一点需明白：光

chī fàn ér méiyǒu gāoshuǐzhǔn de jìhuà shū hé zìshēn de shílì shì
吃饭而没有高水准的计划书和自身的实力是

bù xíng de.
不行的。

Useful Expressions 实用表达法

Expressions for Promoting Friendship.
Zēngjìn yǒuyì de shíyòng biǎodá:
增进友谊的实用表达:

Expression	When or how to use	Example
Zuòzuo 坐坐 Sitting together	Duōbàn de yìsi shì yìqǐ qù chī 多半的意思是一起去吃 dùn fàn, zēngjìn yǒuyì 顿饭，增进友谊 This means to get together for meals or drinks to improve relationship.	Lǐ jīnglǐ, zhǎo ge shíjiān 李经理，找个时间 zánmen yíkuàir zuòzuo? 咱们一块儿坐坐? Mr. Li, could we have a chat when you have time?

Qǐng kè 请 客 Inviting for a meal	Zhè shì zuì zhíjiéliǎodàng de qǐng 这是最 直截了当的请 kè yòngyǔ 客用语 Direct invitation	Zhè jiàn shì bànchénghòu wǒ 这件事办 成 后我 qǐng kè 请客。 I'll invite you for a meal after this is settled.
Biàncān 便 餐 Having a casual meal	Qǐng rén chī fàn de chángyòng 请人吃饭的 常 用 kètàohuà， dāngrán zhēnzhèng 客套话， 当然真 正 chī de bù néng shì biàncān 吃的不能是便餐 Used when inviting others. The meal of course won't be really casual.	Táo júzhǎng， zánmen yì- 陶局长， 咱们一 qǐ qù chī yí dùn biàn cān 起去吃一顿便餐 zěnmeyàng? 怎么样? Director Tao, how about a casual meal?
Shǎngguāng 赏 光 Asking somebody to come to a meeting	Yì zhǒng hěn yōuyǎ、 lǐmào de 一 种 很优雅、礼貌的 qǐngqiú， cháng yòngyú zhèngshì 请求， 常 用于正式 chǎnghé 场 合 A polite way to ask people to come	Wáng chùzhǎng， nín néng 王 处长，您能 shǎngguāng zuò wǒmen zhè 赏 光 做我们这 cì huìyì de dàibiǎo ma? 次会议的代表吗? Mr. Wang, may we have the honor to have you being our delegate?

Hē yì bēi 喝一杯 Having a drink	Yìqǐ hē jiǔ de yāoqǐng 一起喝酒的邀请 An invitation for drinking together	Zhǎo ge shíjiān zánmen hē 找个时间咱们喝 yì bēi? 一杯? Shall we have a drink together some time?
Kàn de qǐ mǒurén 看得起（某人） Respecting somebody; to have a good opinion of somebody	Bùjǐn biǎoshì yuànyì bāngzhù 不仅表示愿意帮助 mǒurén, yě kě biǎoshì xīwàng 某人，也可表示希望 biérén de bāngzhù 别人的帮助 It means not only willing to help others, but also expecting help from others.	Duō xiè nǐ kàn de qǐ wǒ, 多谢你看得起我， wǒ yí dìng jìnlì ér wéi. 我一定尽力而为。 Thank you for taking me seriously. I'll do my best.
Cháng lái wánr 常来玩儿 Dropping in often	Yòngyú kèrén líkāi nǐ jiā shí de 用于客人离开你家时的 yòngyǔ biǎoshì zhǔrén de rèqíng 用语，表示主人的热情 Used when guest is leaving from your home	Rènmén le, yǐhòu cháng 认门了，以后常 lái wánr. 来玩儿。 Thanks for coming. Do drop in when you have time.
Yìqǐ qù guàng jiē 一起去逛街 Going shopping	Duō yòngyú nǚxìng jiān 多用于女性间 Used between females normally	Míngtiān zánmen yìqǐ qù 明天咱们一起去 guàng jiē zěnmeyàng? 逛街怎么样? How about we go shopping tomorrow?

Useful Phrases in Refusing Invitation.

Jùjué yāoqǐng de chángyòng biǎodá :
拒绝邀请的 常 用表达：

Expression	When or how to use	Example
Tíqián yǒule ānpái 提前有了安排 I already have an appointment.	Yīn zài zhè zhī qián yǐjīng 因在这之前已经 yǒule yuēdìng 有了约定 Used when there is other arrangement	Zhēn bù qiǎo ， wǒ míngtiān yǐ yǒule 真不巧，我明天已有了 ān pái . 安排。 Sorry, I have other arrangement tomorrow. Wǒ hé Xiǎo Zhāng yǐjīng yuē hǎo le ， 我和小 张 已经约好了， shí zài méi bànfǎ . 实在没办法。 I already have an appointment with Xiao Zhang.
Zǒu bu kāi 走不开 I can't leave.	Yīn yǒu gèng zhòng yào 因有 更 重 要 de shìqing 的事情 Used when there are more important things to do	Duì bu qǐ ， wǒ zǒu bu kāi ， nǐmen qù 对不起，我走不开，你们去 ba . 吧。 I'm sorry, I can't leave right now. You guys go ahead.

Jiā li yǒu shì 家里有事 (I have) some- thing to attend to at home	Yīnyǒu sī shì 因有私事 Private business	Wǒ jiā li shízài yǒu shì, duì bú zhù 我家里实在有事，对不住 le. 了。 I have some private business to attend to, really sorry.
shēntǐ bú tài shūfu 身体不太舒服 I don't feel well.	Yīn shēntǐ qiàn jiā 因身体欠佳 Used when sick	Wǒ zuìjìn shēntǐ bú tài shūfu néngfǒu 我最近身体不太舒服，能否 jiù bú qù le? 就不去了? May I be excused? I don't feel well.

Frequently Used Sentences at the Dining Table.
Fànzhuōshàng de chángyòng hánxuān duǎnyǔ :
饭桌上的常用寒暄短语:

When or how to use	Example
Duì xīn, lǎo péngyou dōu tōngyòng de 对新、老朋友都通用的 hánxuān yòngyǔ 寒暄用语 Greeting new and old friends	Wáng zhǔrèn, zánmen yǒu yuán xiāngféng, 王主任，咱们有缘相逢， xiān gānle zhè bēi jiǔ, zánmen jiù suàn rènshi 先干了这杯酒，咱们就算认识 le. 了。 Mr. Wang, glad to know you. Let's have a toast for our friendship.

Wèi gǎnxiè biérén de rèqíng bāngzhù 为感谢别人的热情帮助 qǐng kè 请客 Thanking others for help	Jīntiān qǐng nín lái， shì wèile xiàng nín zhìxiè. 今天请您来，是为了向您致谢。 Shàngcì duō kuī nín chūshǒu， wǒmen cái shùnlì 上次多亏您出手，我们才顺利 dùguò nánguān. 渡过难关。 We invite you today to thank you for your help. You helped us overcome the crisis.
	Wǒmen jīntiān tèyì shè yàn， gǎnxiè nǐ duì 我们今天特意设宴，感谢你对 wǒmen de guānzhào hé zhīchí. 我们的关照和支持。 The banquet today is meant to appreciate your supporting us.
Zài qìfēn róngqià、 yǒuhǎo de qiántí 在气氛融洽、友好的前提 xià， kěyǐ wěiwǎn de tíchū zìjǐ 下，可以委婉地提出自己 de yìxiē qǐngqiú 的一些请求 It's possible to ask for a favor euphemistically during the dinner/lunch when atmosphere is right.	Wǒ zhè shì wú shì bù dēng sānbǎodiàn， yǒu yí 我这是无事不登三宝殿，有一 shì hái qǐng nín duō guānzhào. 事还请您多关照。 I really apprcciate it if you could help.
	Shí bù xiāng mán， wǒ zuìjìn pèngdàole 实不相瞒，我最近碰到了 yìdiǎnr máfan， xiǎng qǐng zhòngwèi péngyou 一点儿麻烦，想请众位朋友 bāngzhù. 帮助。 Frankly, I have some trouble recently and need your help.

Wèi péilǐ dàoqiàn qǐng kè 为 赔礼道歉 请客 Apologizing	Jīntiān luèbèi jiǔ cài, tèyì xiàng nín qǐng zuì. 今天略备酒菜，特意 向 您 请罪。 We take this as a chance to show our apology to you.
	Shàng cì de shì shì wǒ bú duì, wǒ xiàng nín 上 次 的 事 是 我 不 对，我 向 您 péilǐ dàoqiàn! 赔礼道歉! It was my fault last time. Please accept my apology.

Basic Concept in Relationships:
Rénjì guānxì zhōng de chángyòng gàiniàn :
人际关系 中 的 常 用 概念：

Expression	When or how to use	Example
Yǒuqíngwéizhòng 友情为重 Friendship comes first.	Wéichí shuāng fāng de yǒuqíng 维持 双 方 的 友情 bǐ shēngyì de chéngbài hái yào 比生意 的 成 败还要 zhòngyào 重 要 Maintaining friendship is more important than business success or failure.	Háishiyǒuqíngwéizhòng biéwèi 还是友情为重，别为 zhèxiē xiǎo shì shāngle héqì. 这些小事伤了和气。 Friendship is the most important. Don't hurt each others' feeling for the little disputes.

Héqì shēngcái 和气生财 Friendliness is conducive to business success.	Zhè shì Zhōngguó shēngyi rén 这是中国生意人 de yí ge zhòngyào yuánzé 的一个重要原则 A very important principle for a Chinese businessman	Hé qì shēngcái, bú yào dézuì 和气生财，不要得罪 kèhù。 客户。 Friendliness is conducive to business success, don't displease your clients.
Shēngyi bù chéng rén qíng zài 生意不成人 情在 Failure to do business will not hurt the friendship.	jíbiàn shì shēngyi tán bù chéng 即便是生意谈不成 yě yào bǎochí hǎo guānxì 也要保持好关系 Keeping the good relationship even if business discussion is inadequate	Shēngyi bù chéng rénqíng zài, 生意不成 人情在, wǒmen xià cì zài hézuò. 我们下次再合作。 We're still having the chance for cooperation. There is always chance next time.
Zǒu hòumén 走后门 Taking the back door	Zài zhuōzi dǐxià jiāoyì 在桌子底下交易 Making the deal under table	nǐ méi yǒu shílì, guāng 你没有实力，光 kào zǒu hòumén shì bù kěnéng 靠走后门是不可能 bànchéng de. 办成的。 Without real strength, you can't succeed relying on back door connections.

Guānxì wǎng 关系 网 Networking	Gè háng gè yè dōuyǒu xūyào 各 行 各 业 都 有 需 要 jīngyíng de rénjì quānzi 经营 的 人际 圈子 Interpersonal network is necessary for all business.	Nǐ zài Zhōngguó yīnggāi 你 在 中 国 应 该 jǐnkuài jiànlì guānxì wǎng. 尽快 建立 关系 网。 You should set up your interpersonal network in China as quickly as possible.
Miànzi 面子 "Face", reputation	Zhègàiniàn zài Zhōngguórén de 这 概念 在 中 国 人的 shèhuì shēnghuó zhōng zhànyǒu 社会 生 活 中 占 有 hěnzhòng de fènliang 很 重 的 分量 It is an important concept in the Chinese life.	Háishi nín miànzi dà, nín yí 还是 您 面子 大, 您 一 jù huà jiù bǎ zhè jiàn shì gǎo 句 话 就 把 这 件 事 搞 dìng le. 定 了。 Only you have this kind of reputation. With your involvement, it's done.
Shāng mǒurén de 伤 (某人) 的 miànzi 面子 Losing face; damaging the relationship	Shānghài mǒu rén de qínggǎn 伤害 某 人 的 情 感 huò zūnyán 或 尊 严 Hurting somebody's feeling or dignity	Nǐ zhèyàng shuō tài shāng tā 你 这样 说 太 伤 她 miànzi le! 面子 了! You hurt her deeply.

Tào jìnhu / Lā guān- 套近乎 / 拉 关 xì 系 Trying to get close to somebody	Shǐ shuāngfāng de guānxì 使 双 方 的 关系 gèngwéi qīnjìn de yì zhǒng 更 为 亲近 的 一 种 fāngshì, zhè yǒu duō zhǒng 方 式， 这 有 多 种 fāngfǎ, qǐng kè chī fàn jiùshì 方法， 请 客 吃 饭 就是 qízhōng zhī yī 其 中 之 一 There are ways of trying to establish a friendly relationship. Inviting to dinner is one of them.	"Zhè shì shì wǒmen gōngsī de "这 事 是 我 们 公司 的 jīmì, nǐ zài tào jìnhu yě 机密， 你 再 套 近乎 也 méiyòng." 没 用。" This is our company's secret. It's no use trying to cotton up to me. "Xiǎo Wáng tǐng huì lā guānxì "小 王 挺 会 拉 关系 de, kěyǐ duō ràng tā hé 的， 可 以 多 让 他 和 kèhù jiēchù." 客 户 接触。" Xiao Wang is very good at making close relationship with clients. We can let him keep in touch with the clients.

作者简介

徐振亚，北京语言大学在读博士。1988 年毕业于中国社会科学院研究生院汉语言文学专业；1989 年移居德国；1993 年移居美国夏威夷；1997 年至今定居于旧金山。因外语专业和应用语言学专业的背景，在中国、德国和美国加州州立大学长期从事汉语教学，具有多种文化背景的第二语言习得教学经验。

Xu Zhenya, a current doctoral candidate of Beijing Language and Culture University, got his master degree of Chinese Language and Literature from Chinese Academy of Social Sciences in 1988. He moved to Germany in 1989, and to Hawaii of the United States in 1993. Ever since 1997, he has settled in San Francisco. Thanks to his background in foreign language and applied linguistics, he has been engaged in Chinese teaching at universities in China, Germany and the California State University in the USA for a long time and has rich teaching experience in second language acquisition under various cultural backgrounds.

责任编辑：翟淑蓉
英文编辑：韩芙芸
封面设计：王天义
印刷监制：佟汉冬

图书在版编目（CIP）数据

怎样与中国人打交道. 下：汉英对照 / 徐振亚著. —北京：华语教学出版社，
2009

ISBN 978–7–80200–492–4

Ⅰ. 怎…　Ⅱ. 徐…　Ⅲ. 汉语—对外汉语教学—语言读物　Ⅳ. H195.5

中国版本图书馆CIP数据核字（2008）第138071号

怎样与中国人打交道（下）

徐振亚(Xu Zhenya)　著

Cynthia Kuo　插图

*

© 华语教学出版社
华语教学出版社出版
（中国北京百万庄大街24号　邮政编码100037）
电话: (86)10–68320585
传真: (86)10–68326333
网址: www.sinolingua.com.cn
电子信箱: hyjx@sinolingua.com.cn
北京外文印刷厂印刷
2009年(32开)第一版
2010年第一版第二次印刷
（汉英）
ISBN 978–7–80200–492–4
定价: 22.00元